Jan Niederle

Wie gelingt meine BGB-Hausarbeit?

Autorin: Gabriele Wunsch

Anleitung für das Verfassen einer Anfänger-Hausarbeit

JAN NIEDERLE MEDIA

ISBN 3-936733-11-2

Bezugsmöglichkeit für den Buchhandel:
Jan Niederle Media
48341 Altenberge
Fax (02505) 93 98 99
E-Mail: jan.niederle@gmx.de
www.niederle-media.de

Druck: Druckerei Buschmann
Printed in Germany

▶ Inhalt

▶ Was dieses Buch für dich tun kann

Dieses Buch ist gedacht als Anleitung für das Verfassen der ersten BGB-Hausarbeit. Es erklärt, was bei einer BGB-Hausarbeit in formaler und inhaltlicher Hinsicht zu beachten ist.

Wie sieht z.B. ein Literaturverzeichnis aus, wie wird eine Fußnote erstellt oder ein Meinungsstreit richtig aufgebaut? Und: Welche Fehler sollten unbedingt vermieden werden? Solche typischen Anfänger-Fragen werden in den ersten sieben Lektionen behandelt. Drei nachfolgende Musterhausarbeiten dienen als praktische Veranschaulichung.

Der Vorteil dieses Skripts ist nicht allein sein erschwinglicher Preis. Auch die komprimierte, auf das Wesentliche reduzierte Darstellung ist sehr nützlich, da sie einen schnellen Einstieg ermöglicht.

Für deine erste Hausarbeit drücken wir dir schon jetzt ganz fest die Daumen,

Gabriele Wunsch & Jan Niederle

Lektion 1: Die Formalia einer Hausarbeit

Die formale Gestaltung der Hausarbeit sollte nicht unterschätzt werden. Eine korrekte Form kann zwar nicht über inhaltliche Mängel hinwegtäuschen. Aber die äußere Form ist der erste Eindruck, den der Korrektor von deiner Hausarbeit bekommt. Eine schlechte äußere Form kann den Korrektor dazu verleiten, die Hausarbeit mit einer negativen Grundeinstellung zu lesen, was sich am Ende unter Umständen nachteilig auf die Bewertung auswirkt. Mancher Korrektor vermutet dann nämlich, dass der Verfasser auch inhaltlich nachlässig gearbeitet hat und dem wissenschaftlichen Anspruch nicht gerecht geworden ist. Um den Studienanfänger an das wissenschaftliche Arbeiten heranzuführen, wird daher gerade in den Anfängerübungen besonders auf die Einhaltung der Formalia geachtet. Die Einhaltung der Formalia hilft aber auch dir selbst: Eine ordentliche Gliederung und Absätze ermöglichen es dir, den Überblick zu behalten, auch wenn die Gedanken sich manchmal überschlagen (keine Sorge, das kann bei Hausarbeiten schon einmal passieren).

Welche Formalia solltest du nun beachten?

I. Das Deckblatt

Zu einer Hausarbeit gehört zunächst das *Deckblatt*. Das Deckblatt soll über den Verfasser und über die Arbeit informieren. In die Ecke links oben gehören dein Name und deine Anschrift. Ferner sollte die Matrikelnummer, die Semesteranzahl sowie das Studienfach angegeben werden. In der Mitte des Deckblattes ist der Titel der Übung so zu verzeichnen, wie ihn der Veranstalter angegeben hat. Meistens ist die Bezeichnung auf dem ausgegebenen Sachverhalt zu finden.

Unter dem Titel der Übung folgt der Name des Übungsleiters. Dann ist das Semester anzugeben, zu dem die Übung gehört. Sofern mehrere Hausarbeiten angeboten werden, ist die Arbeit zahlenmäßig zu bezeichnen. Die Nummerierung der Seiten beginnt erst mit dem Sachverhalt, das Deckblatt wird also *nicht* nummeriert. Den Muster-Text eines Deckblatts findest du auf der nächsten Seite.

Petra Mustermann
Musterstraße 8
86868 Musterdorf
Matrikelnummer: 888888
Stud. iur. 2. Semester

Übung im Bürgerlichen Recht für Anfänger
Prof. Dr. Sympaticus
Sommersemester 2004
1. Hausarbeit

II. Der Sachverhalt

Auf das Deckblatt folgt der *Sachverhalt*. Der Sachverhalt sollte im Normalfall nicht so, wie er ausgegeben wurde, in die Hausarbeit eingeheftet, sondern extra *abgetippt* werden. Denn das Abtippen hilft dir, den Sachverhalt zu verinnerlichen. Ferner sieht ein abgetippter Sachverhalt aufgrund des einheitlichen Schriftbilds besser aus.

Mit dem Sachverhalt beginnt die *Nummerierung der Seiten*. Es hat sich durchgesetzt, den Sachverhalt, die Gliederung und das Literaturverzeichnis *römisch* zu nummerieren, beginnend mit „II" (also II, III, IV, V, VI, VII...). Die einzelnen Seiten des *Gutachtens* werden indessen *arabisch* nummeriert (also 1, 2, 3 usw.). Zu der Frage, wie die automatische Seitennummerierung am PC eingestellt wird, vgl. Lektion 7, S. 30 ff.!

III. Die Gliederung

An den Sachverhalt schließt sich die *Gliederung* an. Die Gliederung soll in komprimierter Form den zur Lösung führenden Denkweg wiedergeben. Dabei ist der Aufbau gemäß den Gesetzen der Logik zu wählen. Z.B. darf das *Erlöschen* eines Anspruchs erst nach seinem *Entstehen* geprüft werden. In der Gliederung werden die einzelnen Prüfungsebenen durch die Verwendung des *alpha-numerischen Systems* (Teil 1, A., I., 1., a), aa), (1), (a), *(aa)*) kenntlich gemacht. Die Hausarbeit kann zwar grds. auch numerisch (1., 1.1., 1.1.1., 1.1.1.1.......) gegliedert werden, dies ist aber weniger übersichtlich und kaum gebräuchlich. Daher wird in juristischen Hausarbeiten üblicherweise das alpha-numerische System verwendet. Logisch gleichrangige Ebenen werden dabei einander zugeordnet. Jeder Gliederungspunkt muss also mit einem anderen korrespondieren („Wer A. sagt, muss auch B. sagen, wer I. sagt, muss auch II. sagen“).

Beispiel:

A. Ansprüche auf Herausgabe
  I. Anspruch aus § 985
    1. Sache
    2. Eigentümer
    3. Besitzer
    4. Kein Recht zum Besitz, § 986
  II. Anspruch aus § 812 I 1, 1. Alt.

In diesem Beispiel ist dem Prüfungspunkt „I. Anspruch aus § 985“ der Prüfungspunkt „II. Anspruch aus § 812 I 1, 1. Alt.“ auf der *gleichen* logischen Ebene zugeordnet. Die Tatbestandsmerkmale „1. Sache“, „2. Eigentümer“, „3. Besitzer“ und „4. Kein Recht zum Besitz“ befinden sich alle auf *einer* Ebene. Eine Entsprechung für den Prüfungspunkt „A. Ansprüche auf Herausgabe“ fehlt jedoch. Ohne einen korrespondierenden Prüfungspunkt (z.B. „B. Ansprüche auf Schadensersatz“) wäre diese Gliederung daher fehlerhaft.

Es kann allerdings vorkommen, dass es zu einem aufgeworfenen Punkt keine Entsprechung gibt. Dann kann man den Prüfungspunkt einfach mittels Spiegelstrichs in die Gliederung aufnehmen.

Beispiel:

A. § 823 I
  I. Tatbestand
  II. Rechtswidrigkeit
    - § 228 BGB: Notwehr
B. §§ 812 I 1, 1. Alt.

Logisch gleichrangige Gliederungsebenen sollten optisch auf gleicher Höhe eingerückt werden. Dies gilt allerdings nur für die *Gliederung*, nicht für die Überschriften im Gutachtentext.

Beispiel:
A.
  I.
  II.
    1.
    2.
    3.
      a)
      b)
    4.
  III.
B.

Unzulässig ist es, die Gliederung mit *direkten Fragen* zu versehen. Ferner sollten die Überschriften knapp gehalten werden. Vollständige Sätze haben in der Überschrift nichts zu suchen.

Beispiel: Also nicht: „A. Kann K von V Übereignung gemäß § 433 I 1 verlangen?" sondern: „A. Übereignungsanspruch des K gegen V aus § 433 I 1".

Noch ein kleiner Tipp:
Es bietet sich an, sich einmal mit der automatischen Gliederung von *Microsoft Word* ® vertraut zu machen. Die automatische Gliederung erspart am Ende der Hausarbeit Zeit, die vor der Abgabe meist knapp wird. Zudem sieht sie gut aus.

IV. Das Literaturverzeichnis

Auf die Gliederung folgt das *Literaturverzeichnis*. Sinn der Hausarbeit ist es, ein Gutachten über die Rechtslage unter Berücksichtigung der einschlägigen Literatur und Rechtsprechung zu erarbeiten. Das Literaturverzeichnis dient dem Leser als Zusammenfassung der in der Ausarbeitung verwendeten Abhandlungen und soll ihm ermöglichen, diese aufzufinden. Alle Quellen, die in den Fußnoten genannt werden, gehören grds. auch in das Literaturverzeichnis. Ausnahme: zitierte *Gerichtsentscheidungen*, Alpmann-, Hemmer- und ähnliche Skripte sowie die Fundstellen zitierter *Gesetztexte* gehören *nicht* in das Literaturverzeichnis!

Beispiel: Das Urteil *BGH NJW 1988, 3015* oder die Gesetzesfundstelle *BGBl. Teil I vom 22.06.2000, S. 1244* darf zwar im Gutachten, nicht jedoch im Literaturverzeichnis auftauchen.

Es sollten immer die *neuesten* Auflagen des jeweiligen Werkes verwendet werden. Welches die jeweils aktuelle Auflage ist, lässt sich am leichtesten anhand des Bibliothekskatalogs feststellen. Die verwendete Literatur ist in *alphabetischer Reihenfolge* aufzuführen. Die früher geläufige Aufteilung nach Literaturgattungen (Kommentare, Lehrbücher etc.) ist nicht falsch, aber unübersichtlich. Die folgenden Angaben sollten im Literaturverzeichnis enthalten sein:

- **Name** und **Vorname** des Verfassers (ohne Professoren bzw. Doktoren-Titel),
- **Titel des Werkes**,
- **Auflage**,
- **Erscheinungsort und -jahr**.

Handelt es sich um einen *Kommentar* oder um einen Autor, von dem *mehrere Werke* benutzt worden sind, so sollte angegeben werden, wie das Werk im Gutachten zitiert wird. Bei *Loseblattsammlungen* ist anstelle oder zusätzlich zur Auflage die *aktuelle Lieferung* anzugeben.

Beispiel:

Brox, Hans	Allgemeiner Teil des BGB, 27. Auflage, Köln, Berlin, Bonn, München 2003 (zitiert: *Brox*, AT)
Brox, Hans	Die Anfechtung bei der Stellvertretung, JA 1998, S. 449-454 (zitiert: *Brox*, JA 1980)
Palandt, Otto	Bürgerliches Gesetzbuch, 63. Auflage, München 2004 (zitiert: Palandt/ *Bearbeiter*)

Hüten solltest du dich davor, das Literaturverzeichnis durch Werke aufzubauschen, die du in Wirklichkeit gar nicht verwendet hast. Entdeckt der Korrektor ein solches Vorgehen, wird es ihm schwer fallen, zu glauben, dass du wissenschaftlich gearbeitet hast. Und vom Umfang des Literaturverzeichnisses hängt die Qualität der Hausarbeit nicht ab.

Die Auflistung aller benutzen *Abkürzungen* ist nicht erforderlich, sofern man sich an die unter Juristen üblichen Abkürzungen hält. Es genügt dann, nach dem Literaturverzeichnis folgenden Hinweis anzubringen:

> Soweit die Abkürzungen nicht speziell erläutert sind, wird verwiesen auf:
>
> Kirchner, Hildebert; Butz, Cornelie — Abkürzungsverzeichnis der Rechtssprache, 5. Auflage, Berlin 2003.

V. Das Gutachten

An den Formalienblock, den sogenannten Apparat, schließt sich der Hauptteil der Hausarbeit an: das *Gutachten.* Die DIN A 4-Blätter werden nur *einseitig* bedruckt. Auf der linken Seite ist mindestens 1/3 Platz (= 7 cm) für den Korrekturrand zu lassen. Die Nummerierung der Seiten des Gutachtens erfolgt in numerischer Form (1, 2, 3.....).

Üblicherweise ist eine 12-Punkt-Schrift (Times New Roman oder eine andere schlichte, gut lesbare Schriftart) zu verwenden. Der Zeilenabstand liegt bei *1,5 Zeilen.* Die Fußnoten sollten keine kleinere Schriftgröße als 10-Punkt haben, damit sie gut lesbar bleiben. Im Fußnotenbereich ist der Zeilenabstand einfach. Zu der Frage, wie die automatische Seitennummerierung, der 1/3-Rand und der 1,5-fache Zeilenabstand am PC eingestellt wird, vgl. Lektion 7, S. 30 f.

In der Regel wird für die Semesterhausarbeiten eine *Begrenzung* der Seiten vorgegeben. Platz schaffen kann man, indem man den oberen, den unteren oder den rechten Seitenrand oder den Abstand zwischen den Schriftzeichen verringert. Allerdings solltest du bedenken, dass die Lesbarkeit und Überschaubarkeit hierunter leidet, also nur dann so vorgehen, wenn es unvermeidbar ist. Fehlt es an Platz, sollte man eher noch einmal die Schwerpunktbildung überdenken. Ist keine Seitenbegrenzung vorgeschrieben, sollten in einer Anfängerübung nicht mehr als 20 Seiten abgegeben werden.

Grundsätzlich ist bei der Wiedergabe fremder Erkenntnisse die *Quelle* mit einer Fußnote anzugeben. Dieses Erfordernis ergibt sich zum einen aus dem Gebot *wissenschaftlicher Ehrlichkeit.* Zum anderen soll einer Aussage durch Angabe der Quelle eine erhöhte *Überzeugungskraft* verliehen werden und der Leser soll wissen, wo er die Originalaussage finden kann. Wörtliche Zitate sind grundsätzlich nur zulässig, wenn es auf den Wortlaut ankommt. Das direkte Zitat ist dann mit Anführungszeichen kenntlich zu machen. In der Regel wird *indirekt* zitiert. Das Zitat gibt also nur den Sinngehalt der belegten Stelle mit eigenen Worten wieder.

Beispiel:
Nach dem BGH ist eine Verwendung....
Schmidt führt an, eine Verwendung sei...

Mit Zitaten können nur abstrakte, nicht aber auf den konkreten Fall bezogene Aussagen belegt werden.

Beispiel:

A und B müssten einen Kaufvertrag (§ 433) geschlossen haben. Ein Vertrag setzt mindestens zwei übereinstimmende Willenserklärungen voraus[1]. Beim Kauf müssen die Ware und der Preis als wesentliche Vertragsbestandteile zumindest bestimmbar sein[2].

A und B haben sich darüber geeinigt, dass A dem B sein Auto für 1000 Euro verkauft.

Damit liegen zwei übereinstimmende Willenserklärungen, gerichtet auf die wesentlichen Bestandteile eines Kaufvertrages, vor.

Nur die *Definition* ist in diesem Beispiel abstrakt, die anderen Angaben sind fallbezogen und somit konkret. Dies wird von Anfängern oft falsch gemacht, vgl. dazu auch Lektion 6, S. 27 ff. !

Aussagen, die sich unmittelbar im Gesetz finden, müssen nicht mit einem Zitat belegt werden.

Beispiel: Unverzüglich bedeutet „ohne schuldhaftes Zögern“ (§ 121 I 1 BGB).

Anders als im Literaturverzeichnis genügt in den Fußnoten eine eindeutige *Kurzbezeichnung* des Werkes. Mehrere Zitate in einer Fußnote werden durch ein Semikolon getrennt. An das Ende einer jeden Fußnote gehört ein Punkt.

Beispiel:

BGHZ 65, 123, (126); *Palandt/Heinrichs*, § 278 BGB, Rdnr. 5; *MüKo/ Einsele,* § 125 BGB, Rdnr. 11; *Schack*, JZ 1989, 609 (612).

Alle für die Bearbeitung wesentlichen Überlegungen gehören in den Gutachtentext, Fußnoten sollten keine *Sachaussage* beinhalten. Bei Lehrbüchern sollte das Rechtsgebiet ggf. in der gängigen Abkürzung benannt werden. Ist im Literaturverzeichnis bereits eine eindeutige Identifizierung gewährleistet, genügt der Name des Verfassers.

---

[1] *Palandt/ Heinrichs*, Einf. v. § 145, Rdnr. 1.

[2] *Palandt/ Heinrichs*, Einf. v. § 145, Rdnr. 3.

Beispiel:

Brox, BGB AT, Rdnr.
Brox, BGB AT, § 12, S. 65.
Canaris, S. 12.

Bei Zeitschriften wird der Verfasser, die Fundstelle in Kurzform, die Seite, auf der der Beitrag beginnt, sowie in „( )“ die Seite, auf der der zitierte Gedanke sich befindet, angegeben.

Beispiel:

Schreiber, Jura 1997, 104 (106).
Homann, JA 1999, 978 (981).

Bei Kommentaren wird der Titel, der Bearbeiter, der Paragraph und die Randnummer (bzw. Seitenzahl), an der sich die Aussage befindet, festgehalten.

Beispiel: *Palandt/ Weidenkaff*, § 559, Rdnr. 3; *Palandt/ Heinrichs*, Überbl. vor § 305, Rdnr. 3; *MüKo/ Ernst*, § 324, Rdnr.5.

Da sich für die *Rechtsprechung* kein Eintrag im Literaturverzeichnis befindet, muss die Rechtsprechungsfußnote selbst alle Informationen enthalten, die zu ihrem Auffinden erforderlich sind. Urteile des Bundesgerichtshofs befinden sich entweder in der amtlichen Urteilssammlung (z.B. BGHZ, Band, Seite) oder in einer Zeitschrift (z.B. Neue Juristische Wochenschrift - NJW).

Beispiel:
BGH, NJW 1996, 1053 (1054).
BGHZ 26, 349 (356).

Ist eine Quelle bereits mehrmals zitiert worden, kann man sich das Abtippen der vollen Quellenangabe ersparen, indem man das Kürzel a. a. O. (= am angegebenen Ort) verwendet, wenn sich nur einzelne Elemente der Quellenangabe verändert haben, also z. B. nur die Seitenzahl, die man dann allerdings auch erneut angeben muss.

„AaO“ sollte nur verwendet werden, wenn der Nachweis, auf den Bezug genommen wird, nicht mehr als zwei Seiten zurückliegt. Bleibt die Quellenangabe exakt gleich, kann ein „ebda.“ (= Ebenda) verwendet werden. „Ebda.“ verweist stets nur auf die unmittelbar vorangegangene Fußnote.

Beispiel:
1 *Brox*, AT, Rdnr. 66.
2 *Brox*, aaO, Rdnr. 88.
3 *Brox*, ebda.

Angenehmer für den Leser ist es, wenn die Fußnoten jeweils voll ausgeschrieben werden. Hier kann man sich z.B. der Funktion „Kopieren“ bedienen, was den Aufwand minimiert. Außerdem ist zu bedenken, dass bei späteren Überarbeitungen des Werkes oft Fußnoten verändert und herausgenommen werden, so dass die Bezugsfußnoten dann möglicherweise nicht mehr stimmen.

Innerhalb einer Fußnote wird *zuerst die Rechtsprechung*, dann die Literatur zitiert.

Beispiel:
BGH, NJW 1996, 1053 (1054); *Schreiber,* Jura 1997, 104 (106); *Homann,* JA 1999, 978 (981).

Auf die letzte Seite des Gutachtens setzt du das Datum und deine *Unterschrift.* Soweit nicht anders vorgesehen, sollte dein Vor- und Nachname erscheinen.

▸ Literatur zu dieser Lektion

📖 Dietrich, **Jura** 1998, 142 (Formalia einer Hausarbeit)

Lektion 2: Das Herausarbeiten der Fragestellung

Der Sachverhalt muss unbedingt sorgfältig gelesen werden. Denn um einen Fall rechtlich bewerten zu können, müssen die Tatsachen und die Fallfrage richtig und vollständig erfasst und verstanden worden sein. Sonst läufst du Gefahr, zu Fragen Stellung zu nehmen, die gar nicht erörtert werden sollen. Bevor du also irgendwie mit dem Sachverhalt arbeitest, solltest du diesen *mehrmals* gelesen haben. Fallen dir bereits hier Anspruchsgrundlagen oder Problemkreise ein, solltest du diese kurz notieren, damit du sie nicht vergisst.

Die im Sachverhalt mitgeteilten Tatsachen müssen anschließend auf ihre rechtliche Relevanz hin untersucht werden. *Rechtsansichten* im Sachverhalt geben häufig einen Hinweis auf Fragen, deren Erörterung erwartet wird.

Beispiel: „Der K ist der Ansicht, dass der Kaufvertrag infolge der Anfechtung nichtig sei." – Hier will der Aufgabensteller vermutlich darauf hinweisen, dass das Thema „Anfechtung" bei der Lösung zu berücksichtigen ist.

Sind mehrere Personen beteiligt, so solltest du eine **Skizze** zu den beteiligten Personen anfertigen, in der ihre Beziehungen zueinander festgehalten werden. Eine Pfeilskizze hilft dir, zu verdeutlichen, wer Ansprüche gegen wen geltend macht. Bei der Stellvertretung (§§ 164 ff.) könnte die Skizze z.B. so aussehen:

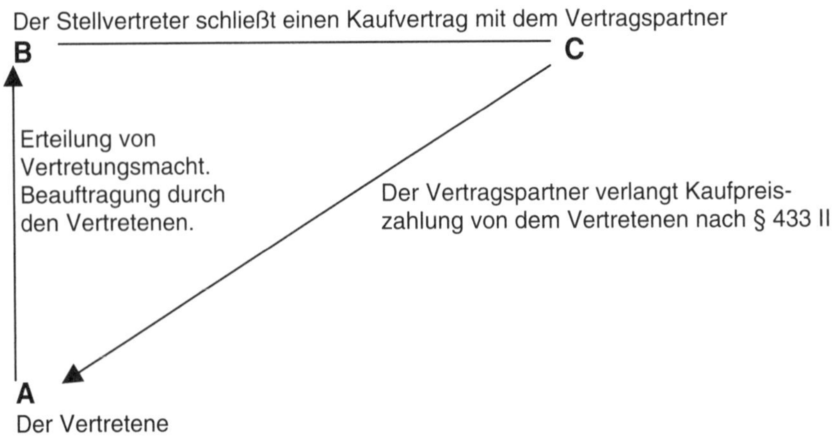

Besteht der Sachverhalt aus mehreren Ereignissen, die sich über einen längeren Zeitraum erstrecken, solltest du eine *Datentabelle* oder einen *Zeitstrahl* erstellen.

Beispiel:

28.10.2003:	Kaufvertrag über Grundstück, §§ ....
04.11.2003:	Auflassung
20.12.2003:	Eintragung ins Grundbuch
14.01.2004:	Tod des Eigentümers
28.01.2004:	Testamentseröffnung
	1. Testament vom 30.08.1999
	2. Testament vom 24.06.1997
14.03.2004:	Testamentsanfechtung

28.10.03	4.11.03	20.12.03	28.01.2004	14.03.2004
Kaufvertrag	Auflassung	Eintragung	Testamentseröffnung	T.-anfechtung

Kommt es im Sachverhalt auf die bestimmte Beschaffenheit einer Örtlichkeit an (z. B. Lage eines Grundstücks), solltest du eine *Skizze zu der Lage der Örtlichkeit* machen.

Wichtig ist außerdem, dass du die **Fallfrage** richtig erfasst. Die Frage kann sich auf Ansprüche einer *bestimmten Person* gegen eine andere *bestimmte Person* beziehen. Dann suchst du *nur* nach den auf die Frage passenden *Anspruchsgrundlagen*, die der einen Person gegen die andere zustehen könnten.

Beispiel: Die Fallfrage lautet: Kann A von B Herausgabe des Fahrrads verlangen? – Hier sind nur Ansprüche des A gegen B zu untersuchen. Außerdem dürfen ausschließlich Herausgabeansprüche geprüft werden. Anspruchsgrundlage können z.B. § 985, §§ 823, 249, § 812 I 1 sein.

Beispiel: Die Fallfrage lautet: A verlangt von B Zahlung. Zu Recht? - Hier sind nur Ansprüche des A gegen B zu untersuchen. Außerdem dürfen ausschließlich Zahlungsansprüche geprüft werden. Je nach Rechtsverhältnis zwischen A und B kann sich ein Zahlungsanspruch z.B. aus § 433 II, § 535 II, § 631 I etc. ergeben.

Ist die Frage hingegen *abstrakt* gestellt, muss die Fallfrage ermittelt werden. Abstrakt ist zum Beispiel die Frage „Wie ist die Rechtslage?“. Es müssen dann *konkrete Ansprüche* herausgearbeitet werden. Dazu verwendet man folgende Hilfsfrage:

WER will WAS VON WEM WORAUS?

Wer?	**Was?**	**Von Wem?**	**Woraus?**
Anspruchsteller	- Herausgabe - Kaufpreiszahlung - Schadensersatz	Gegner	- vertraglicher - vertragsähnlicher - dinglicher - deliktischer - bereicherungsrechtlicher Anspruch

Zunächst gliederst du den Sachverhalt in Zweipersonenverhältnisse (Wer von wem?). Dann schaust du, welche Anspruchsziele in den einzelnen Konstellationen verfolgt werden (Was?). Anspruchsziel kann die Kaufpreiszahlung, die Übereignung einer gekauften Sache (= Erfüllung), die Herausgabe einer Sache, Schadensersatz oder ein Unterlassen sein.

Beispiel: Der B hat dem A ein Fahrrad weggenommen und es an den gutgläubigen C verkauft. Die Fallfrage lautet: Wie ist die Rechtslage?

Lösung: Denkbar sind Ansprüche des A gegen B (1. Zweipersonenverhältnis) und Ansprüche des A gegen C (2. Zweipersonenverhältnis). Außerdem könnten dem C möglicherweise Ansprüche gegen den B zustehen (3. Zweipersonenverhältnis). Bei der Frage, „was“ der A jeweils von B und C bzw. der C von B verlangen kann, ist an Ansprüche auf *Herausgabe* des Fahrrads (A gegen C) und des Verkaufserlöses (A gegen B) sowie an Schadensersatzansprüche zu denken.

Hast du die Anspruchsziele („Was?“) der Personen herausgearbeitet, geht es darum, die passende Anspruchsgrundlage für ihr Begehren zu finden. Die Anspruchsgrundlage ist eine Norm, welche einem Tatbestand als Rechtsfolge einen *Anspruch* zuweist. Bei Vorliegen ihrer Voraussetzungen ergibt sich also das Recht, von einem anderen ein Tun oder ein Unterlassen zu verlangen (§ 194 I). Du musst herausfinden, auf welche Norm das Begehren der Parteien (das „Was“), gestützt werden kann. Es ist also nach Normen zu suchen, die als Rechtsfolge das Anspruchsziel enthalten. Für ein Begehren können immer *mehrere* Anspruchsgrundlagen in Betracht kommen.

Beispiel: B mietet das Fahrrad des A. A verlangt es von B nach Ablauf der Mietzeit heraus. – Anspruchsgrundlage für das Herausgabeverlangen des A kann z.B. § 546 I und § 985 sein.

Ist ausnahmsweise nach der dinglichen Rechtslage gefragt („Wer ist Eigentümer?"), bietet sich ein chronologischer bzw. historischer Aufbau an. Das heißt, es wird geprüft, wer ursprünglich Rechtsinhaber war und ob das Recht nunmehr einem anderen zusteht. Lautet die Frage „Was kann A tun?" oder „Was ist A zu raten", so musst du alle naheliegenden Anspruchsziele suchen und insbesondere auf die Ausübung möglicher *Gestaltungsrechte* (z. B. Anfechtung, Widerruf oder Rücktritt) achten. Zu untersuchen sind stets *alle* Anspruchsgrundlagen, die auf die begehrte Rechtsfolge gerichtet sind und die angesichts der im Sachverhalt mitgeteilten Tatsachen möglicherweise verwirklicht sind. Auch wenn eine Anspruchsgrundlage bejaht wird, sind die anderen noch zu prüfen.

Nachdem du den Sachverhalt, also die Tatsachen und die Fallfrage, vollständig erfasst hast, verfasst du einen *groben Lösungsentwurf* auf dem Schmierpapier. Dabei gehst du nacheinander alle Tatbestandsvoraussetzungen der von dir ermittelten Anspruchsgrundlagen durch. Hierfür benutzt du nur deinen Kopf, das Gesetz und evtl. „DIE SCHEMATA", Band II, die es in jeder Uni-Buchhandlung gibt. Erst wenn ein grober Entwurf steht, werden die Kommentare, Lehrbücher etc. gewälzt.

Beispiel: Der Käufer (K) faxt dem Verkäufer (V), er wolle die für 40.000,- Euro angebotene Vase aus der Mung-Dynastie kaufen. Da das Faxgerät des V defekt ist, bemerkt er nicht, dass K sein Angebot angenommen hat. V erfährt nun, dass die Vase 80.000,- Euro wert ist und will sie dem K nur für diesen Preis geben. Kann der K vom V Übereignung der Vase für 40.000,- Euro verlangen?

<u>K könnte gegen V einen Anspruch auf Übereignung aus § 433 I BGB haben.</u> Voraussetzung hierfür ist, das zwischen K und V ein Kaufvertrag zustande gekommen ist. Ein Vertrag kommt zustande durch zwei übereinstimmende Willenserklärungen, nämlich Angebot und Annahme. K hat das Angebot des V angenommen, indem er dem V faxte, er wolle die angebotene Vase kaufen.

Die Besonderheit dieses Falles besteht offensichtlich darin, dass der K die Annahme per Telefax erklärt hat und das Gerät des V zu dieser Zeit defekt war. Die Worte „Angebot", "Annahme" und „Telefax" sind demnach Schlüsselbegriffe, die den Weg zum Problem des Falles weisen.

1. Schritt: Du nimmst dir das entsprechende *Alpmann-BGB-AT oder Hemmer-*Skript, soweit verfügbar, und siehst hinten im *Stichwortverzeichnis* unter „Angebot", „Annahme" und „Telefax" nach. Vielleicht hast du ja Glück und es handelt sich bei deinem Problem um ein „Standardproblem", das im Skript bereits klausurmäßig mit h.M. (herrschender Meinung) und a.A. (anderer Ansicht) aufbereitet ist. Dauer: ca. 1 Minute.

2. Schritt: Du suchst dir in der Bibliothek den „Palandt“ in der *neuesten* Auflage und schlägst das Stichwortverzeichnis auf. Hier findest du unter dem Stichwort „Telefax“ folgende Angaben: „Haftg für Mißbr **173**, 8; u Schriftform **126**, 11; Zugang **130**, 17; Werbg **1004**, 7“. Die **fette** Zahl bezeichnet den kommentierten Paragraphen, die magere Zahl die Randnummer. In obigem Beispiel könnte der “Zugang“, § 130 BGB problematisch sein. Dauer: ca. 2 Minuten.

3. Schritt: Du schlägst die Kommentierung zu § 130 BGB auf und suchst Randnummer 17. Nun liest du, ob die Erläuterungen zu Rdn. 17 auf *deinen* Fall zutreffen. Hat der V im Ausgangsfall beispielsweise auf seinen Telefaxanschluss hingewiesen, dann muss er sicherstellen, dass das Gerät einsatzbereit ist (Ebnet, NJW 1992, 2991; Fritsche/ Malzer, DNotZ 1995, 14). Dauer: ca. 10-15 Minuten.

4. Schritt: Als nächstes schaust du dir die Kommentierung des § 130 BGB in den *neuesten* Auflagen der anderen Kommentare (Jauernig, Erman, Soergel, Münchener Kommentar) an. Hier findest du wahrscheinlich weitere Literaturangaben. Dauer: ca. 1-2 Stunden.

5. Schritt: Du kannst dir nun die gefundenen Kommentar-Seiten kopieren. Das hat den Vorteil, dass du später nachvollziehen kannst, woher deine Zeitschriften-Fundstellen stammen. Außerdem kannst du die Fundstellen auf der Kopie unterstreichen. Alternativ kannst du die Fundstellen natürlich auch einfach auf einem Zettel notieren. Dauer: ca. 5 Minuten.

6. Schritt: Wenn du genug Quellenangaben gesammelt hast, suchst du die entsprechenden Zeitschriften heraus. Im Beispielsfall ist dies die Neue Juristische Wochenschrift (NJW), Jahrgang 1992, Seite 2991, und die Deutsche Notarzeitung (DNotZ), Jahrgang 1995, Seite 14. Du prüfst kurz nach, ob der betreffende Aufsatz bzw. das Urteil mit deinem Problem zu tun hat. Falls ja, wird die Quelle kopiert. Dauer: ca. 10 Minuten.

7. Schritt: Nun überfliegst du die NJW- und DNotZ-Kopien und siehst nach, ob im Text oder am Ende des Textes weitere Quellen genannt sind, die du noch nicht entdeckt hast (Schneeballprinzip). Dauer: ca. 5 Minuten.

Häufig enthält der Sachverhalt am Ende eine kurze *Abwandlung*. Hier solltest du genau nachvollziehen, *welche Teile* des Sachverhalts im Vergleich zum Ausgangsfall abgewandelt wurden. Es liegt nahe, dass die Abwandlung auf ein bestimmtes Problem abzielt, dass sich gerade durch die Umstellung ergibt.

▸ Literatur zu dieser Lektion

- Brox, **JA** 1987, 169 (Methodenlehre)
- Hopt, **Jura** 1992, 225 (Methodenlehre)
- Skript **500 Spezial-Tipps für Juristen**, Kapitel: Wie gelingt meine Hausarbeit?

Lektion 3: Der Aufbau des Gutachtens

A. Bei der Prüfung der einzelnen Ansprüche ist unbedingt folgende Reihenfolge einzuhalten:

I. Ansprüche aus Vertrag
II. Ansprüche aus vertragsähnlichen Verhältnissen
III. Dingliche Ansprüche
IV. Deliktische Ansprüche
V. Bereicherungsrechtliche Ansprüche

I. *Vertragliche* Ansprüche werden im Gutachten immer zuerst geprüft. Zu den vertraglichen Ansprüchen gehören die *Primäransprüche*, also solche, die auf Vertragserfüllung gerichtet sind.

Beispiel: Primäransprüche können sich z. B. ergeben aus Kaufvertrag (§ 433 I 1; § 433 II); Mietvertrag (§ 535 I 1; § 535 II); Darlehensvertrag (§ 488; § 607 I); Dienstvertrag (§ 611 I) und Werkvertrag (§ 631 I).

Ferner gibt es *vertragliche Sekundäransprüche*, also solche, die bei Nichterfüllung an die Stelle des Primäranspruchs treten, insbesondere in Form von Schadensersatz.

Beispiel: Gewährleistungsansprüche beim Kauf, z. B.: Rücktritt §§ 346 I, 437 Nr. 2, 323, 434; Minderung §§ 441, 437 Nr. 2, 323, 434; Schadensersatz §§ 280, 281, 437 Nr. 3, 434; Nacherfüllung §§ 439, 437 Nr. 1, 434.

II. Nach den Anspruchsgrundlagen aus Vertrag sind Anspruchsgrundlagen aus *vertragsähnlichen Verhältnissen* zu prüfen, denn diese stehen den Ansprüchen aus Vertrag nahe.

Beispiel: Ansprüche aus c.i.c.: §§ 280 I, 241 II; Ansprüche auf Erfüllung: § 179 I; Ansprüche auf Schadensersatz: § 122 I, § 179 I, § 179 II; Ansprüche auf Aufwendungsersatz: §§ 683 S. 1, 670

III. Danach sind *dingliche*, also sachenrechtliche Ansprüche zu prüfen. Hierzu zählen *Herausgabeansprüche* (§ 985, § 1065, § 1227, § 1007, § 861) sowie *Unterlassungs- und Beseitigungsansprüche* (§ 1004, § 894, § 862). Zu den dinglichen Ansprüchen gehören auch Ansprüche aus dem *Eigentümer-Besitzer-Verhältnis* (§ 987, § 988, § 989, § 994, § 996). Ferner gehört hierher der Anspruch auf Duldung der Zwangsvollstreckung aus § 1147.

IV. Auf die Prüfung der dinglichen Ansprüche folgt die der *deliktischen*. Hierzu gehören die auf Leistung von Schadensersatz gerichteten Ansprüche aus unerlaubter Handlung (§ 823 I, § 823 II, § 826) und aus Gefährdungshaftung (§ 7 StVG, § 1 I HaftpflG, § 833 S. 1). Vor der Prüfung der deliktischen Ansprüche muss immer überlegt werden, ob die Sonderregeln des Eigentümer-Besitzer-Verhältnisses (§§ 989 ff.) eingreifen. Denn nach diesen Regeln ist der gutgläubige unverklagte Besitzer im Hinblick auf die deliktische Haftung privilegiert. Das EBV ist daher zwingend vorrangig zu prüfen.

V. Zum Schluss werden Anspruchsgrundlagen aus ungerechtfertigter Bereicherung (§§ 812 ff.) untersucht.

B. Jeder einzelne Anspruch wird in drei Schritten geprüft:

I. Anspruch entstanden?
II. Anspruch untergegangen?
III. Anspruch durchsetzbar?

I. Anspruch entstanden? Hier ist zu prüfen, ob die Tatbestandsmerkmale der Anspruchsgrundlage durch den konkreten Sachverhalt ausgefüllt werden (= Subsumtion). Auch rechtshindernde Einwendungen, z. B. mangelnde Geschäftsfähigkeit (§§ 104 ff.), eine erfolgte Anfechtung gemäß §§ 119, 123 (vgl. § 142 I), der Formmangel (§§ 125, 311 b I, 518) und der Gesetzes- oder Sittenverstoß (§§ 134, 138) müssen hier erörtert werden, da sie die Entstehung des Anspruchs verhindern.

Beispiel: Der 10-jährige A verkauft dem volljährigen B sein Fahrrad. Kann B von A Übereignung aus § 433 I 1 verlangen, wenn die Eltern des A nicht genehmigen?
Lösung: B könnte gegen A einen Anspruch auf Übereignung aus § 433 I 1 haben. Der Anspruch müsste *entstanden* sein. Dann müssten A und B einen wirksamen Kaufvertrag geschlossen haben. Eine Einigung liegt vor. Der A war jedoch minderjährig, so dass seine Willenserklärung gemäß § 107 nur wirksam war, wenn er durch sie einen rechtlichen Vorteil erlangt hat. Wegen der Verpflichtung zur Übereignung (§ 433 I 1) erlangte A jedoch einen rechtlichen Nachteil. Die Eltern haben auch nicht genehmigt. Also wurde kein wirksamer Kaufvertrag geschlossen. Demnach ist der Anspruch nicht entstanden.

II. Anspruch untergegangen? Durch rechtsvernichtende Einwendungen kann der entstandene Anspruch untergehen.

Zu den rechtsvernichtenden Einwendungen zählen unter anderem die Erfüllung (§ 362, § 364), die Aufrechnung (§ 389), der Erlass (§ 397), die *Unmöglichkeit* (§ 275 I, § 326 I) und der Rücktritt (§§ 346 ff.).

III. Anspruch durchsetzbar? Rechtshemmende Einwendungen können die Durchsetzbarkeit eines Anspruchs verhindern, ohne ihn zu vernichten. Dazu zählen § 214 I (Verjährung), § 821 (Einrede der Bereicherung), § 320 (Einrede der Nichterfüllung), § 273 (Zurückbehaltungsrecht), § 1000 (Zurückbehaltungsrecht).

▸ Literatur zu dieser Lektion

Brox, **JA** 1987, 169 (Methodenlehre)

Hopt, **Jura** 1992, 225 (Methodenlehre)

Lektion 4: Der Gutachtenstil

Bei der Ausarbeitung des Gutachtens ist die Einhaltung des *Gutachtenstils* sehr wichtig, denn der Korrektor möchte sehen, dass du das juristische Handwerkszeug beherrschst. Beim Gutachtenstil wird am Anfang im Obersatz eine Frage aufgeworfen, die am Ende der Untersuchung im Schlusssatz entweder bejaht oder verneint wird.

Beispiel:
Obersatz: A könnte gegen B einen Anspruch auf Kaufpreiszahlung aus § 433 II haben.
Voraussetzung ist, dass zwischen A und B ein wirksamer Kaufvertrag geschlossen wurde. A hat ein Angebot abgegeben, der B hat dies angenommen. Ein Kaufvertrag wurde *also* geschlossen.
Schlusssatz: A hat *folglich* gegen B einen Anspruch auf Kaufpreiszahlung aus § 433 II.

Im Gegensatz dazu nimmt der *Urteilsstil* das Ergebnis vorweg und begründet es nachfolgend.

Beispiel: A hat gegen B einen Anspruch auf Kaufpreiszahlung aus § 433 II. *Denn* zwischen A und B wurde ein wirksamer Kaufvertrag geschlossen.

Bei Beachtung des Gutachtenstils werden sich die Wörter „infolgedessen", „somit", „also", „daher", „folglich", „demnach", „so dass" finden lassen. Wörter wie „weil", „da", „denn", „nämlich" zeigen den Urteilsstil an und dürfen daher im Gutachten nicht auftauchen. Allerdings sollte der Urteilsstil bei *unproblematischen* Rechtsfragen benutzt werden, da der Gutachtenstil hier zu umständlich ist.

Der Gutachtenstil verläuft immer in folgenden Schritten:

I. Obersatz

Zunächst wird die Fallfrage aufgeworfen.

Beispiel: A könnte gegen B einen Anspruch auf Kaufpreiszahlung aus § 433 II haben. Oder: B könnte gegen A einen Anspruch auf Übereignung des Fahrrads aus § 433 I 1 haben.

II. Tatbestandsmerkmale in Frage stellen

Im zweiten Schritt sind die einzelnen Tatbestandsmerkmale der Anspruchsgrundlage in Frage zu stellen (Konjunktiv).

Beispiel: Dazu müsste zwischen A und B ein *wirksamer Kaufvertrag* bestehen.

III. Definition

Die Tatbestandsmerkmale müssen nun definiert werden. Hierzu dienen *Legaldefinitionen* (§ 90, § 183, § 184) und *Hilfsnormen*, also solche Normen, die die Anspruchsnorm ergänzen, z.B. §§ 145 ff.

Beispiel: Ein Kaufvertrag kommt zustande durch zwei übereinstimmende Willenserklärungen, nämlich Angebot und Annahme.

Für einige Tatbestandsmerkmale sind durch Literatur und Rechtsprechung *geläufige Definitionen* herausgebildet worden. Man findet sie in Kommentaren und Lehrbüchern. Sind sie unstreitig oder liegt der Schwerpunkt des Falles eindeutig an einer anderen Stelle, kannst du diese Definitionen verwenden.

IV. Subsumtion

Bei der Subsumtion wird untersucht, ob der konkrete Sachverhalt die abstrakten Voraussetzungen des Tatbestandsmerkmals erfüllt.

Beispiel: A hat ein Angebot abgegeben, indem er zu B sagte, er könne das Fahrrad für 200 Euro erwerben. B hat dieses Angebot angenommen. Damit liegen übereinstimmende Willenserklärungen des A und B vor.

V. Schlusssatz

Es ist festzustellen, ob das Tatbestandsmerkmal erfüllt ist oder nicht.

Beispiel: *Folglich* haben A und B einen Kaufvertrag geschlossen. Der Anspruch aus § 433 II ist *somit* entstanden.

Du solltest dich präzise, klar und einfach ausdrücken, damit das Gutachten flüssig lesbar ist. Die Sätze sollten kurz und knapp sein, also möglichst keine langen „Schachtelsätze“ verwenden. Das Gutachten sollte nicht in persönlicher Form verfasst werden („Ich meine“....). Der *Aufbau* darf auch nicht erläutert werden. Ist er richtig, ergibt sich dies aus ihm selbst. Bei der Bearbeitung des Falles ist ferner daran zu denken, dass *kein theoretisches Wissen* ausgebreitet, sondern nur das erörtert werden soll, was für die Lösung des Falles wirklich *relevant* ist.

▸ Literatur zu dieser Lektion

- Brox, **JA** 1987, 169 (Methodenlehre)
- Hopt, **Jura** 1992, 225 (Methodenlehre)
- Skript **500 Spezial-Tipps für Juristen**, Kapitel: Wie gelingt meine Hausarbeit? Das Gutachten und sein Stil.

Lektion 5: Die Darstellung eines Meinungsstreits

In jeder Hausarbeit wirst du normalerweise auf 1-3 sog. *Meinungsstreits* treffen. Es bestehen dann also bezüglich einer Rechtsfrage unterschiedliche Meinungen innerhalb der Literatur und/oder der Rechtsprechung. Kommen die Ansichten - bezogen auf den Fall - alle zu dem gleichen Ergebnis, muss der Streit nicht entschieden werden. Führt der Meinungsstreit aber - bezogen auf den Fall - zu unterschiedlichen Ergebnissen, so muss er auch entschieden werden.

Beispiel: Ein typischer Anfänger-Streit ist z.B. die Frage, ob es eine sog. „Anscheinsvollmacht“ gibt. Die h.M. bejaht dies. Demgegenüber vertritt *Flume* die Ansicht, dass schuldhaftes Verhalten einer Willenserklärung nicht gleichgesetzt werden und daher nur eine Schadensersatzpflicht auslösen könne, vgl. dazu die 1. Musterhausarbeit.

Der Beginn eines Meinungsstreits sollte kenntlich gemacht werden, indem er z. B. durch die Formulierung *„Umstritten ist“* oder *„Es besteht Uneinigkeit darüber, ob“* eingeleitet wird. Dann wird die *erste Meinung* dargestellt und gezeigt, welche Auswirkung diese Meinung auf den Fall hat (Subsumtion). Anschließend wird die *zweite Meinung* dargestellt und ausgeführt, welche Auswirkung sie auf den Fall hat (Subsumtion). Kommen die Ansichten zu dem *gleichen* Ergebnis, erübrigt sich eine Streitentscheidung. Kommen die Ansichten aber zu *unterschiedlichen* Ergebnissen, muss der Streit entschieden werden.

Du musst dann überlegen, was für die eine und was für die andere Ansicht spricht. Die Streitentscheidung sollte dabei so aufgebaut werden, dass zunächst die Argumente der Meinung dargestellt werden, die du ablehnst. Dann sollten die Argumente der Meinung genannt werden, der du folgst. Am überzeugendsten wirkt es, wenn das *stärkste Argument* am Schluss gebracht wird. Du kannst es einleiten mit „Maßgeblich ist..." oder „Entscheidend ist...".

Übersicht zum Aufbau des Meinungsstreits

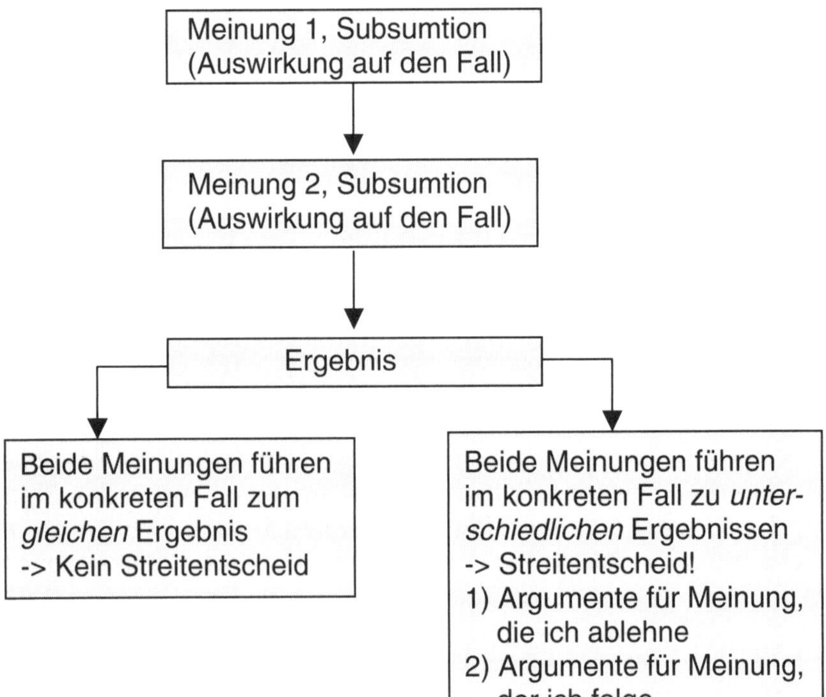

Gebräuchliche Formulierungen

- „Umstritten ist, ob...."
- „Die h.M. ist der Ansicht, dass..."
- „Nach anderer Auffassung..."
- „Beide Ansichten gelangen zum gleichen Ergebnis. Eine Entscheidung des Streits erübrigt sich daher."

Lektion 6: Typische Fehler in Hausarbeiten

Einige Fehler tauchen vor allem in Anfänger-Hausarbeiten immer wieder auf. Damit du diese Fehler vermeidest, sind sie hier aufgeführt.

Wichtig ist zunächst, dass du *einfache* und *präzise* Sätze (Subjekt, Prädikat, Objekt) verwendest, damit der Korrektor die Arbeit ohne Mühe lesen kann. Unübersichtliche *Schachtelsätze* sollten möglichst nicht im Gutachten auftauchen. Ausdrücke wie *„Ohne Zweifel“* und *„offensichtlich“* sind zu vermeiden. Die *Ich-Form* („Ich meine...“) wird in juristischen Hausarbeiten *nicht* verwendet. Angebracht ist eine neutrale Formulierung („Vorzugswürdig ist die Ansicht...“).

Weiterhin gilt, dass eine Hausarbeit die richtige *Schwerpunktsetzung* erfordert. Nur die Stellen, die im vorliegenden Fall wirklich problematisch sind, sollen auch breit erörtert werden. Wird Wissen ausgebreitet, obwohl es für die Lösung des Falles gar nicht relevant ist, wirkt sich dies *nachteilig* auf die Benotung aus. Merksatz: Was zuviel ist, ist falsch! Aus diesem Grunde ist z.B. bei einem Meinungsstreit nach jeder Meinung kurz darzulegen, welche Auswirkung auf den Fall sie hat. Nur dann, wenn die Ansichten zu *unterschiedlichen* Ergebnissen kommen, darf der Streit entschieden werden! Wissenschaftliches Arbeiten meint nicht, dass jede im Zusammenhang mit dem Fall auftauchende *Randfrage* zu erörtern ist, sondern es soll gezielt eine Lösung für das vorliegende Problem gefunden werden. Du solltest dich in die Perspektive eines Rechtsanwalts hineinversetzen, dem es nur darauf ankommt, die beste Lösung für seinen Mandanten unter den gegebenen Umständen zu finden. So grenzt du die Problemkreise ein.

Ferner solltest du auf eine gute *Zeiteinteilung* achten. Gerade am Ende der Hausarbeit ist es wichtig, genug Zeit zu haben, um das Werk zu überarbeiten. Denn die Hausarbeit sollte nicht nur inhaltlich korrekt sein, sondern auch optisch einen guten Eindruck machen.

Weitere Fehler ergeben sich aus dem Umgang mit dem Gesetz. So oft wie möglich, ist auf das Gesetz zurückzugreifen, d.h. die Voraussetzungen der Prüfung sind dem Gesetz zu entnehmen und genau zu zitieren (z.B. § 812 I 1, 1. Alt.).

Beispiel: Richtig: A könnte gegen B einen Anspruch auf Herausgabe der Sache aus § 812 I 1, 1. Alt. haben. B müsste *etwas erlangt* haben. - Falsch wäre der Satz: B müsste *einen Vermögensvorteil* erlangt haben, denn das steht nicht im Gesetz.

Die geprüfte Vorschrift sowie die sich daraus ergebende *Rechtsfolge* sind im Obersatz zu nennen!

Beispiel: Richtig: Der Vertrag könnte gemäß § 142 I wegen einer erfolgten Anfechtung *nichtig* sein. Falsch: Der Vertrag könnte angefochten worden sein (§ 142 I).

Wichtig ist, aufgeworfene Fragen an der *richtigen Stelle* abzuhandeln. Gefährlich sind daher Sätze wie „Fraglich ist, wie der Vertrag rechtlich einzuordnen ist“. Denn unter Umständen kommt es an dieser Stelle auf die rechtliche Einordnung des Vertrags gar nicht an. Besser ist es, das Problem an der relevanten Stelle abzuhandeln, z. B. so: „Für die Frage, welche Gewährleistungsregeln (Kaufrecht oder Werkvertragsrecht) anwendbar sind, kommt es auf die Rechtsnatur des Vertrages an.“

Bei der *Subsumtion* ist zu beachten, dass der konkrete Sachverhalt nicht mit Zitaten belegt werden darf. Denn die Literatur oder Rechtsprechung hat sich *nicht* mit dem vorliegenden Fall beschäftigt. Dies ist ein sehr häufiger Anfängerfehler!

Beispiel: Falsch: A und B müssten zwei übereinstimmende Willenserklärungen abgegeben haben[3]. Richtig: Ein Vertrag ist die von mindestens zwei Personen erklärte Willensübereinstimmung über die Herbeiführung eines bestimmten rechtlichen Erfolges[4]. Fraglich ist, ob A und B eine solche Willensübereinstimmung erzielt haben.

Bei *Meinungsstreitigkeiten* muss gezeigt werden, *wieso* es auf den Meinungsstreit ankommt. Das umstrittene Tatbestandsmerkmal ist zu benennen.

---

[3] Palandt-Heinrichs, Einf v § 145 Rdn. 1.

[4] Palandt-Heinrichs, Einf v § 145 Rdn. 1.

Nachdem dargestellt worden ist, welche Meinung in der Literatur und Rechtsprechung vertreten wird, muss *immer* der Sachverhalt subsumiert werden, damit der Fallbezug des Meinungsstreits gegeben ist.

Bei der Auseinandersetzung mit den verschiedenen Meinungen begehen Anfänger häufig den Fehler, zu glauben, dass die Berufung auf die herrschende Meinung (h.M.), den Bundesgerichtshof (BGH) oder die herrschende Lehre (h.L.) eine eigene Argumentation überflüssig mache. Für die Benotung deiner Hausarbeit ist jedoch allein entscheidend, dass *alle Argumente*, die *für* oder *gegen* die jeweilige Meinung sprechen, *dargestellt* und *gegeneinander abgewogen* werden. Es kommt also nicht darauf an, *von wem* die Argumente stammen. Ferner sollte nachvollziehbar sein, *warum* du dich am Ende für die eine oder andere Meinung entschieden hast. Daher sollte das *stärkste Argument* am Schluss gebracht werden. Du kannst es wie gesagt einleiten mit „Maßgeblich ist..." oder „Entscheidend ist...". Für die Benotung ist völlig unerheblich, ob du dich der herrschenden Ansicht oder einer Mindermeinung anschließt.

Ein schwerer Fehler, der teilweise sogar noch von Examenskandidaten begangen wird, ist die Nichtbeachtung des *Abstraktionsprinzips.* Dieser hat regelmäßig zur Folge, dass die Arbeit mit „mangelhaft" benotet wird.

Beispiel: Richtig: A könnte durch Übereignung gemäß § 929 S. 1 das Eigentum am Fahrrad erworben haben. Falsch: Durch den Kauf könnte der A Eigentümer des Fahrrads geworden sein. – Durch einen Kaufvertrag erwirbt man niemals Eigentum!

Um zu verhindern, dass gegen das Abstraktionsprinzip verstoßen wird, wird dringend empfohlen, einmal folgenden Aufsatz durchzulesen: 🕮 Schreiber, **Jura** 1989, 617 ff. (Das Abstraktionsprinzip).

Bei der *Gliederung* ist zu beachten, dass die Gliederungsebenen sich immer entsprechen müssen („Wer A sagt muss auch B sagen").

▸ Literatur zu dieser Lektion

🕮 Edenfeld, **JA** 1999, 196 (Fehler in Hausarbeiten)

Lektion 7: FAQs: Wie bediene ich den Computer?

Fast alle Unis stellen in ihren Computerräumen Rechner zur kostenlosen Benutzung bereit, so dass ein *eigener* PC zu Studienbeginn nicht zwingend erforderlich ist. Damit es am Ende zeitlich nicht eng wird, ist aber zu empfehlen, sich mit der grundlegenden Bedienung des Computers schon einige Tage *vor* Beginn der Hausarbeit zu befassen. Nachfolgend die häufigsten Anfänger-Fragen (sog. frequently asked questions) zur Bedienung des PC.

1. Wie bekommen die Seiten ihre automatische Nummerierung?

Wer nicht weiß, wie beim Textverarbeitungsprogramm *Microsoft Word* ® ein sog. Seitenumbruch eingefügt wird, speichert am besten zunächst durch einen Klick links oben auf „Datei" und „Speichern unter..." das Deckblatt und den römisch zu nummerierenden Teil (Sachverhalt, Gliederung, Literaturverzeichnis) in *einer* Datei, die z.B. „BGB-HA-Teil1" heißen könnte.

Für das *Gutachten* wird eine *zweite Datei* angelegt, die z.B. den Namen „BGB-HA-Teil2" tragen könnte. Will man nun die römische Nummerierung einfügen, öffnet man zunächst die Datei „BGB-HA-Teil1". Anschließend klickt man oben in der Leiste erst auf „**Einfügen**", dann auf „**Seitenzahlen**". Unter „Ausrichtung" wird die Option „**Zentriert**" ausgewählt. Der **Haken** aus dem Kästchen „Seitenzahl auf erster Seite" wird durch einen Klick auf den Haken entfernt, so dass das Kästchen *leer* ist. Anschließend klickt man im Seitenzahl-Fenster rechts unten auf den Button „**Format**". Es öffnet sich ein weiteres Fenster. Dort wählt man neben „Zahlenformat" rechts oben „**I, II, III...**" aus. Danach verlässt man dieses sowie das vorhergehende Fenster über den Button „**OK**". Daraufhin fügt das Programm die römische Nummerierung ein.

Viel einfacher geht das Nummerieren des Gutachtens: Du öffnest die Datei „BGB-HA-Teil2", klickst oben in der Leiste erst auf „**Einfügen**", dann auf „**Seitenzahlen**". Unter „Position" wählst du „**Seitenanfang (Kopfzeile)**", unter „Ausrichtung" „**Rechts**". Dann klickst du unten links auf „**OK**" – schon werden die Seitenzahlen eingefügt.

2. Wie stelle ich die Ränder und den Zeilenabstand ein?

Damit der Korrektor ausreichend Platz für seine Anmerkungen hat, soll jede Gutachten-Seite einer Hausarbeit links ca. 1/3 (= 7 cm) Rand aufweisen. Um diesen Rand einzustellen, klickt man auf „**Datei**", dann auf „**Seite einrichten...**" und stellt dann bei „Links" 7 cm ein. Der erforderliche 1,5-fache Zeilenabstand wird eingestellt, indem man oben in der Leiste erst auf „**Format**" und dann auf „**Absatz**" klickt. In dem sich dann öffnenden Fenster stellt man unter „Zeilenabstand" in dem Kästchen in der Mitte statt „einfach" „**1,5 Zeilen**" ein. Zum Schluss klickt man auf „**OK**".

3. Wie wird eine Fußnote erstellt?

Zum Erstellen einer Fußnote einfach den Cursor hinter das Wort bewegen, hinter dem die Fußnote eingefügt werden soll. Anschließend auf „**Einfügen**" und dann auf „**Fußnote**" klicken. In dem Fußnoten-Fenster, das sich öffnet, auf „**OK**" klicken – schon wird hinter dem Wort automatisch eine Zahl eingefügt und ganz unten am Ende der jeweiligen Seite Platz für den dazugehörigen Fußnoten-Text geschaffen.

4. Wie stelle ich die Schriftart und die Schriftgröße ein?

Meistens ist als Schrift „Times New Roman" voreingestellt. Will man die Schriftart und –größe ändern, wählt man in der Leiste oben links einfach eine andere Schriftart (z.B. Arial) und rechts daneben in dem Zahlenkästchen eine andere Schriftgröße. Voreingestellt ist meist die Schriftgröße 12. Soll *bereits eingegebener* Text in einer anderen Schrift und/oder Größe dargestellt werden, muss der Text vor den o.g. Änderungen *markiert* werden. Dazu bewegt man den Mauszeiger an die gewünschte Textstelle, drückt die linke Maustaste und bewegt die Maus mit gedrückter linker Maustaste nach unten oder nach oben.

Lektion 8: Erste Musterhausarbeit

Sachverhalt

Ausgangsfall

Herr B hat Frau H als Haushälterin eingestellt. Eigentlich soll die H sich nur um den Haushalt kümmern. Sie hat sich jedoch angewöhnt, beim benachbarten Lebensmittelhändler L im Namen des B Lebensmittel einzukaufen und sich dafür eine Rechnung ausstellen zu lassen. Diese legt H immer zwischen die übrigen Rechnungen des B. Der unaufmerksame B überweist regelmäßig das Geld für die Rechnungen des L, ohne zu wissen, dass die H diejenige war, die für ihn eingekauft hat. Nach einiger Zeit kommt H auf folgende Idee: sie legt bei L an der Kasse eine Flasche Champagner (Preis: 38,99 Euro) vor und kauft sie im Namen des B. Anschließend genießt sie diese heimlich selbst. Dieser Ablauf wiederholt sich in der Folgezeit mehrmals. Doch nach dem fünften Champagnerkauf entdeckt B plötzlich, dass H ihm eine Rechnung über 38,99 Euro „untergeschoben" hat. B ruft daher bei L an und sagt, er sehe sich zur Zahlung der 38,99 Euro für den Champagner nicht verpflichtet, da er die H nicht bevollmächtigt habe. L fragt nun seinen Anwalt A, ob er die 38,99 Euro von B oder evtl. von H fordern kann. A wiederum bittet den bei ihm tätigen Jurastudenten J, zu diesen Fragen in einem Gutachten Stellung zu nehmen.

Abwandlung 1

Mittlerweile hat B eine neue Haushälterin, die Frau N. Während B sich wegen einer Operation im Krankenhaus befindet, geht im Hausbriefkasten des B ein Brief seines Freundes E ein. In diesem bietet E dem B seinen Helanca-Sonnenschirm zum Kauf (70 Euro) an, denn er hat genug Sonnenschirme. N hat die Aufgabe, die Post des B zu öffnen. Sie informiert den B über das Angebot des E. Daraufhin sagt B der N, sie solle den „Helanca-Schirm" kaufen, wenn er in Ordnung sei.

II.

B ist überzeugt, dass „Helanca“ „Baumwolle“ bedeutet. N geht zu E, begutachtet den Schirm und sagt dann, sie wolle ihn im Namen des B kaufen. E gibt ihr den Schirm mit.

Als B wieder daheim ist und er den Sonnenschirm genauer betrachtet, stellt er fest, dass dieser nicht, wie er gedacht hatte, aus Baumwolle, sondern aus einer Art Nylon gefertigt ist. B wird klar, dass „Helanca“ also nicht - wie er sich vorgestellt hatte - „Baumwolle“ bedeutet. Da B zumindest auf dem Balkon alles ökologisch abbaubar halten will, möchte er den Kauf rückgängig machen. B ruft im Beisein der N bei E an und erklärt, er fechte die Befugnis der N, den Sonnenschirm zu kaufen, an. Kann E von B Zahlung des Kaufpreises aus § 433 II verlangen?

Abwandlung 2

B geht selbst zu E, um den Schirm zu kaufen. Dort trifft er auf die 18-jährige Tochter T des E. Der E ist außer Haus und hat daher die T ermächtigt, den Kauf abzuwickeln. B fragt die T, ob der Schirm älter als ein Jahr sei. Dies verneint die T, obwohl der Sonnenschirm bereits 3 Jahre alt ist und T dies weiß.

B nimmt den Schirm mit und stellt zu Hause fest, dass der Schirm doch schon abgenutzter ist als er dachte. Ihm wird klar, dass T ihn bezüglich des Alters des Schirmes angelogen haben muss. Er will nun die 70 Euro an E nicht zahlen und ficht den Kaufvertrag an. Kann E von B Zahlung verlangen?

Bearbeitervermerk: Bereicherungsrechtliche Ansprüche bleiben außer Betracht.

III.

Gliederung

Erster Teil: Ausgangsfall

Zweiter Teil: Abwandlung 1

Dritter Teil: Abwandlung 2

V.

Literaturverzeichnis

Brox, Hans	Allgemeiner Teil des BGB 27. Auflage, Köln, Berlin, Bonn, München 2003 (zitiert: Brox, AT)
Brox, Hans	Die Anfechtung bei der Stellvertretung JA 1980, S. 449 ff. (zitiert: Brox, JA 1980)
Canaris, Claus-Wilhelm	Die Vertrauenshaftung im deutschen Privatrecht München 1971 (zitiert: Canaris)
Erman, Walter	Bürgerliches Gesetzbuch: Handkommentar Band 1: §§ 1-853 10. Auflage, Münster 2000 (zitiert: Erman/ Bearbeiter)
Eujen, Heiko Frank, Rainer	Anfechtung der Bevollmächtigung nach Abschluss des Vertretergeschäfts JZ 1973, S. 232 ff. (zit.: Eujen/Frank, JZ 1973)
Flume, Werner	Allgemeiner Teil des Bürgerlichen Rechts Zweiter Band: Das Rechtsgeschäft 4. Auflage, Berlin 1992 (zitiert: Flume, BR AT)
Haas, Ulrich	Das Wirksamwerden von Willenserklärungen JA 1997, S. 116 ff. (zitiert: Haas, JA 1997)

Jauernig, Othmar	Bürgerliches Gesetzbuch Kommentar 10. Auflage, München 2003 (zitiert: Jauernig)
Medicus, Dieter	Allgemeiner Teil des BGB 8. Auflage, Heidelberg 2002 (zitiert: Medicus, AT)
Medicus, Dieter	Bürgerliches Recht 19. Auflage, Köln, Berlin, Bonn, München 2002 (zitiert: Medicus, BR)
Münchener Kommentar zum Bürgerlichen Gesetzbuch	Band 1: Allgemeiner Teil (§§ 1-240) 4. Auflage, München 2001 (zitiert: MüKo/ Bearbeiter)
Palandt, Otto	Bürgerliches Gesetzbuch 63. Auflage, München 2004 (zitiert: Palandt/ Bearbeiter)
Peters, Frank	Zur Geltungsgrundlage der Anscheinsvollmacht AcP 179 (1979), S. 214 ff. (zitiert: Peters, AcP 179)
RGRK	Das Bürgerliche Gesetzbuch Kommentar Band 1: §§ 1-240 12. Auflage, Berlin 1982 (zitiert: RGRK/ Bearbeiter)
Schreiber, Klaus	Rechtsschein im Vertretungsrecht Jura 1997, S. 104 ff. (zit.: Schreiber, Jura 1997)

VII.

Soergel, Hans Theodor	Bürgerliches Gesetzbuch Band 2 - Allgemeiner Teil (§§ 104-240) 13. Auflage, Stuttgart, Berlin, Köln 1999 (zitiert: Soergel/ Bearbeiter)
Staudinger, Julius v.	Kommentar zum Bürgerlichen Gesetzbuch. Mit Einführungsgesetz und Nebengesetzen Buch 1. Allgemeiner Teil (§§ 164-240) Neubearbeitung, Berlin 2001 (zit.: Staudinger/ Bearbeiter)

Gutachten

Erster Teil: Ausgangsfall

A. Anspruch des L gegen B aus § 433 II

L könnte gegen B einen Anspruch auf Zahlung des Kaufpreises von 38,99 Euro aus § 433 II haben[5].

I. Kaufvertrag gemäß § 433

Voraussetzung ist zunächst, dass ein Kaufvertrag gemäß § 433 zwischen L und B besteht. Ein Kaufvertrag kommt gemäß §§ 145 ff. durch zwei inhaltlich übereinstimmende, mit Bezug aufeinander abgegebene Willenserklärungen von mindestens zwei Personen zustande[6]. Dabei ist die erste erbrachte Erklärung das Angebot und die sich darauf beziehende zweite die Annahme[7].

1. Angebot der H für B

B selbst hat mit L keine Vereinbarung über den Kauf der Champagnerflasche getroffen. Allerdings könnte H als Vertreterin des B ein Angebot zum Kauf der Flasche abgegeben haben, welches gemäß § 164 I für und gegen B wirkt. Das Angebot ist eine empfangsbedürftige Willenserklärung[8], durch die sich gemäß § 145 eine Person einer anderen gegenüber zum Vertragsschluss verpflichtet. Das Angebot muss inhaltlich so bestimmt sein, dass es durch bloße Zustimmung des anderen angenommen werden kann.

H hat die Flasche dem L zur Berechnung an der Kasse vorgelegt und damit zumindest konkludent ein Angebot bezüglich des Kaufes der Flasche abgegeben. Dieses Angebot wirkt für und gegen B, wenn H als Stellvertreterin des B gehandelt hat (§ 164 I). Die wirksame Stellvertretung erfordert eine eigene Willenserklärung des Vertreters im Namen des Vertretenen mit Vertretungsmacht.

---

[5] Die folgenden nicht weiter gekennzeichneten §§ sind solche des BGB.
[6] *Brox*, AT, Rdnr. 78 ff.
[7] *Brox*, AT, Rdnr. 78.
[8] *Palandt/Heinrichs*, § 145, Rdnr. 1.

a) Eigene Willenserklärung

H müsste eine eigene Willenserklärung abgegeben haben. Entscheidend für die Abgrenzung des Stellvertreters zum Boten, der lediglich die Willenserklärung des Auftraggebers übermittelt, ist das äußere Auftreten des Stellvertreters, nicht das zwischen Geschäftsherrn und Mittler bestehende Innenverhältnis[9].

H hat die Flasche erkennbar selbst ausgesucht und somit eine eigene Willenserklärung abgegeben.

b) Im fremden Namen

H müsste im Namen des B gehandelt haben. Der Wille, im fremden Namen zu handeln, kann sich aus einer ausdrücklichen Erklärung oder aus den Umständen ergeben, § 164 I 2. Laut Sachverhalt handelte H im Namen des B.

c) Im Rahmen der Vertretungsmacht

H müsste „innerhalb der ihr zustehenden Vertretungsmacht" gehandelt haben.

Die Vertretungsmacht ist die Legitimation zum Handeln, so dass die Rechtsfolgen denjenigen treffen, in dessen Namen gehandelt worden ist[10]. Die Vertretungsmacht kann rechtsgeschäftlich erteilt worden sein oder kraft Gesetzes bestehen. Ferner kommt eine Vertretungsmacht kraft Rechtsscheins in Betracht.

aa) Vollmachtserteilung

Die Vertretungsmacht der H könnte sich aus einer rechtsgeschäftlich erteilten Bevollmächtigung, der sogenannten Vollmacht (§ 166 II 1), ergeben. Die Bevollmächtigung ist eine empfangsbedürftige Willenserklärung[11]. Sie kann ausdrücklich oder durch schlüssiges Verhalten erfolgen[12].

Gemäß § 167 I erfolgt die Vollmachtserteilung durch die Erklärung des Vertretenen gegenüber dem zu Bevollmächtigenden (Innenvollmacht) oder gegenüber dem Dritten, dem gegenüber sich der Vertretene vertreten lassen will (Außenvollmacht).

---

[9] *Staudinger/ Schilken*, Vorbem zu §§ 164 ff., Rdnr. 74.

[10] *Staudinger/ Schilken*, Vorbem zu §§ 164 ff., Rdnr. 17.

[11] *Staudinger/ Schilken*, § 167, Rdnr. 12.

[12] *Palandt/ Heinrichs*, § 167, Rdnr. 1.

B hatte aber der H gegenüber nicht erklärt, sie solle für ihn auf seine Rechnung bei L einkaufen. Eine Innenvollmacht ist also nicht gegeben. Auch dem L gegenüber hatte B keine derartige Erklärung abgegeben. Eine Außenvollmacht scheidet daher ebenfalls aus. Demnach handelte H ohne Vollmacht.

bb) Duldungsvollmacht

B könnte wirksam durch H verpflichtet worden sein, wenn eine kraft Rechtsscheins bestehende, sogenannte Duldungsvollmacht gegeben ist. Eine Duldungsvollmacht liegt vor, wenn der Vertretene weiß, dass ein anderer als sein Vertreter auftritt und dies duldet, so dass der Geschäftsgegner nach Treu und Glauben und unter Rücksicht auf die Verkehrssitte auf eine Bevollmächtigung schließen darf[13].

Die rechtliche Einordnung der Duldungsvollmacht ist streitig. So wird die Duldungsvollmacht teilweise als eine Form der konkludenten Vollmacht[14] und somit als rechtsgeschäftlicher Tatbestand eingeordnet. Nach anderer Ansicht stellt die Duldungsvollmacht einen Fall der Rechtsscheinshaftung dar[15]. Übereinstimmend setzen aber beide Ansichten voraus, dass der Vertretene das Vertreterhandeln bewusst duldet.

B wusste nicht, dass H mehrfach Champagner auf seine Rechnung gekauft hatte. B hatte also keine Kenntnis davon, dass H als seine Vertreterin auftrat. Somit scheidet eine Duldungsvollmacht aus.

cc) Anscheinsvollmacht

Allerdings könnte B bei Vorliegen einer Anscheinsvollmacht wirksam verpflichtet worden sein.

Eine Anscheinsvollmacht liegt vor, wenn der Vertretene das Handeln des Scheinvertreters nicht kennt, es aber bei pflichtgemäßer Sorgfalt hätte erkennen und verhindern können und

---

[13] BGH, JR 1976, 281 (281); *Palandt/ Heinrichs,* § 173, Rdnr. 11.

[14] BGH, MDR 1953, 345 (345); *Flume*, BR AT, § 49, 3/ S. 828; *Medicus*, BR, Rdnr. 101; *Schreiber*, Jura 1997, 104 (105).

[15] *Brox*, AT, Rdnr. 562/ 565; *Canaris*, S. 42; *Soergel/ Leptien*, § 167, Rdnr. 17.

wenn der andere Teil annehmen durfte, der Vertretene dulde und billige das Handeln des Vertreters[16].

Existenz der Anscheinsvollmacht
Die Anerkennung des Instituts der Anscheinsvollmacht ist jedoch umstritten.

(1) Anerkennung der Anscheinsvollmacht
Nach überwiegender Ansicht muss derjenige, der fahrlässig den Rechtsschein einer Bevollmächtigung gesetzt hat, sich so behandeln lassen, als habe er dem Handelnden tatsächlich Vollmacht erteilt[17]. Die Anscheinsvollmacht verleihe entsprechend dem Umfang des gesetzten Rechtsscheins Vertretungsmacht[18]. Es entspreche der Schutzwürdigkeit des Vertrauenden, dass derjenige, der den Schein einer Bevollmächtigung verursacht hat, auf das Erfüllungsinteresse hafte.

Folgt man dieser Ansicht, so wäre B durch das Auftreten der H wirksam verpflichtet worden, wenn die Voraussetzungen der Anscheinsvollmacht gegeben wären. Die Anscheinsvollmacht setzt folgendes voraus:

(a) Schaffung eines Rechtsscheinstatbestandes
B müsste zunächst einen Rechtsscheinstatbestand geschaffen haben. Regelmäßig wird verlangt, dass der Geschäftsgegner auf eine erfolgte Bevollmächtigung schließen darf[19]. Es kommt dabei allein auf das Verhalten des Vertretenen an[20]. Das Vorliegen eines Rechtsscheinstatbestandes ist durch die Gesamtschau der konkreten Umstände und durch Auslegung zu ermitteln[21].
Über längere Zeit hatte B alle Einkäufe der H inklusive der Champagnerflaschen bezahlt. Damit ergab sich für L der Anschein, dass H auch weiterhin zum Kauf von Champagner bevollmächtigt sei. Ein Rechtsscheinstatbestand lag somit vor.

---

[16] BGHZ 5, 111 (112); BGH, MDR 1953, 345 (345); BGH, BB 1976, 902 (902); *Palandt/ Heinrichs*, § 173, Rdnr. 14.
[17] BGHZ 5, 111 (114); *MüKo/ Schramm*, § 167, Rdnr. 61; Palandt/ Heinrichs, § 173, Rdnr. 14; *Brox*, AT, Rdnr. 562; *Schreiber*, Jura 1997, 104 (106).
[18] *MüKo/ Schramm*, § 167, Rdnr. 76.
[19] BGH, NJW 1952, 658;*Erman/Palm,* § 167, Rdnr. 14; *MüKo/Schramm*, § 167, Rdnr 57.
[20] *Erman/ Palm*, § 167, Rdnr. 14.
[21] *RGRK/ Steffen*, § 167, Rdnr. 13.

(b) Zurechenbar gesetzt

Der erzeugte Rechtsschein müsste dem B zurechenbar sein. Zurechenbar ist der Rechtsschein, wenn der Vertretene seine Sorgfaltspflichten verletzt hat[22]. Der Vertretene muss die Möglichkeit gehabt haben, das vollmachtlose Handeln zu erkennen und zu verhindern[23].

B hatte die Rechnungen des L nicht kontrolliert und sich auch nicht darum gekümmert, wer für ihn bei L einkaufte. Hätte er dies getan, wäre ihm aufgefallen, dass H für ihn eingekauft und mehrfach jeweils eine Flasche für sich selbst gekauft hatte. Damit hat B seine Sorgfaltspflichten verletzt, so dass der Rechtsschein ihm zurechenbar ist.

(c) Berechtigtes Vertrauen des Geschäftsgegners

Der Geschäftsgegner muss berechtigterweise auf den Rechtsscheinstatbestand vertraut haben[24]. Es wird nur ein solches Vertrauen geschützt, das der Geschäftsgegner bei Anwendung der ihm zumutbaren Sorgfalt billigerweise haben durfte[25].

B hatte bisher alle Rechnungen ohne Ausnahme bezahlt. Daher durfte L berechtigterweise davon ausgehen, dass H bevollmächtigt sei. Das Vertrauen des L auf die Bevollmächtigung der H war somit berechtigt.

(d) Kausalität des Vertrauens für den Vertragsschluss

Das Vertrauen des Geschäftsgegners muss kausal für den Vertragsschluss gewesen sein[26]. Kausalität ist zu bejahen, wenn der Geschäftsgegner das Geschäft bei Kenntnis des Vollmachtmangels nicht abgeschlossen hätte[27].

---

[22] *Erman/ Palm*, § 167, Rdnr. 18; *Palandt/ Heinrichs*, § 173, Rdnr. 16.
[23] *Palandt/ Heinrichs*, § 173, Rdnr. 16; ; *Staudinger/ Schilken*,, § 167, Rdnr. 40.
[24] *MüKo/ Schramm*, § 167, Rdnr. 68; *Palandt/ Heinrichs*, § 173, Rdnr. 18; *Brox*, AT, Rdnr. 567.
[25] *Soergel/ Leptien*, § 167, Rdnr. 23.
[26] *Palandt/ Heinrichs*, § 173, Rdnr. 17; *Soergel/ Leptien*, § 167, Rdnr. 23.
[27] *MüKo/ Schramm*, § 167, Rdnr. 71.

Hätte L gewusst, dass H von B nicht zum Kauf des Champagners bevollmächtigt war, hätte er ihr diesen nicht auf Rechnung des B verkauft. Das Vertrauen des L war also kausal für den Verkauf.

Es liegen somit alle Voraussetzungen der Anscheinsvollmacht vor. Das von H abgegebene Angebot wirkt damit nach der ersten Ansicht aufgrund der Anscheinsvollmacht für und gegen B.

(2) Lediglich culpa in contrahendo

Eine andere Ansicht geht davon aus, dass die fahrlässige Verletzung einer Sorgfaltspflicht nicht zum Zustandekommen eines Vertrages führen kann[28]. Ein Verschulden könne einer Willenserklärung nicht gleichgesetzt werden[29]. Daher solle der Geschäftsherr nicht auf das Erfüllungsinteresse, sondern lediglich auf den Vertrauensschaden aus culpa in contrahendo haften[30].

Nach dieser Ansicht würde sich auch bei Feststellung einer Sorgfaltspflichtverletzung durch B in Bezug auf das Auftreten der H keine Haftung auf Erfüllung ergeben. B wäre nicht an den Kauf der Flasche gebunden.

(3) Pflicht zur Genehmigung

Eine dritte Ansicht geht davon aus, dass derjenige, der fahrlässig den Schein einer Vollmacht erzeugt, nach Treu und Glauben zur Genehmigung des Vertretergeschäfts verpflichtet sei[31]. Genehmige er nicht, so sei er schadensersatzpflichtig. Dieser Schadensersatzanspruch sei auf das Erfüllungsinteresse gerichtet.

Folgt man dieser Ansicht, so müsste B das Geschäft der H genehmigen, so dass er zur Zahlung der Flasche verpflichtet wäre.

(4) Stellungnahme

Die Ansichten gelangen zu unterschiedlichen Ergebnissen, so dass eine Streitentscheidung notwendig ist.

---

[28] *Flume*, BR AT, § 49 Rdnr. 4/ S. 834.
[29] *Medicus*, BR, Rdnr. 100.
[30] *Flume*, BR AT, § 49, Rdnr. 4/ S. 835; *Medicus*, AT, Rdnr. 971.
[31] *Peters*, AcP 179, 237 f.

Für die Anerkennung der Anscheinsvollmacht spricht, dass auch nach §§ 170 ff. Vollmachtswirkungen eintreten, ohne dass dies dem Verpflichtungswillen des Vertretenen entspricht. Aus §§ 170 ff. ergibt sich der allgemeine Rechtsgedanke, dass das Vertrauen des Vertragspartners in das Bestehen der Vollmacht schutzwürdig ist. Ihm gegenüber muss daher der Rechtsschein als Wirklichkeit gelten[32]. Es ist somit der ersten Ansicht zu folgen und die Existenz der Anscheinsvollmacht anzuerkennen. Das von H abgegebene Angebot wirkt damit aufgrund der Anscheinsvollmacht für und gegen B.

2. Annahme durch L

L müsste das Angebot des B angenommen haben. Die Annahme ist eine grundsätzlich empfangsbedürftige Willenserklärung, durch die der Antragsempfänger dem Antragenden sein Einverständnis mit dem angebotenen Vertragsschluss zu verstehen gibt[33].

Durch Aushändigung der Flasche hat L der H zumindest konkludent sein Einverständnis mit dem Vertragsschluss mitgeteilt. Diese Erklärung ging dem B durch Mitteilung an H (§ 164 III) zu.

II. Zwischenergebnis

Es besteht somit ein Kaufvertrag zwischen L und B bezüglich der Champagnerflasche.

III. Unwirksamkeit des Kaufvertrags wegen Anfechtung

Der Kaufvertrag ist gemäß § 142 I als von Anfang an nichtig anzusehen, wenn der B wirksam die Anfechtung gemäß §§ 119 ff. erklärt hat.

1. Anfechtungserklärung des B

Eine konkludente Anfechtungserklärung könnte darin gesehen werden, dass B sich weigerte, die 38,99 Euro an L zu zahlen.

2. Zulässigkeit der Anfechtung einer Anscheinsvollmacht

Umstritten ist, ob eine Anscheinsvollmacht mit rückwirkender Kraft nach den §§ 119 ff. angefochten werden kann.

---

[32] *Erman/Palm*, § 167, Rdnr. 7; *Schreiber,* Jura 1997, 104 (105).

[33] *Brox*, AT, Rdnr. 176.

a) Bejahende Ansicht

Eine Mindermeinung geht davon aus, dass eine Anscheinsvollmacht mit rückwirkender Kraft nach den §§ 119 ff. angefochten werden kann[34].

Folgt man dieser Meinung, so hatte B gegenüber L das Recht, die Anscheinsvollmacht anzufechten.

b) Verneinende Ansicht

Nach überwiegender Ansicht[35] kann eine Anscheinsvollmacht nicht mit rückwirkender Kraft nach den §§ 119 ff. angefochten werden.

Folgt man dieser Meinung, so hatte B gegenüber L nicht das Recht, die Anscheinsvollmacht anzufechten.

c) Stellungnahme

Eine Anfechtung setzt regelmäßig das Vorliegen einer Willenserklärung voraus. Bei einer Anscheinsvollmacht ist jedoch gerade keine Willenserklärung, sondern lediglich ein Rechtsscheinstatbestand gegeben[36]. Sinn und Zweck eines solchen Rechtsscheinstatbestandes ist der Schutz des Rechtsverkehrs. Dieser Schutz würde unterlaufen, wenn man eine Anfechtung zuließe. Daher ist der zweiten Ansicht zu folgen. Ein einmal gesetzter Rechtsschein kann folglich nicht rückwirkend vernichtet werden. Somit hatte B vorliegend nicht das Recht zur Anfechtung gemäß §§ 119 ff.

IV. Ergebnis

L hat gegen B einen Anspruch auf Kaufpreiszahlung i. H. v. 38,99 Euro für die Flasche gemäß § 433 II.

B. Anspruch des L gegen H aus § 179 I

L hat gegen H einen Anspruch auf Zahlung der 38,99 Euro gemäß § 179 I, wenn H als Vertreter ohne Vertretungsmacht Vertragserklärungen gegenüber L abgegeben und B die Genehmigung (§ 184 I) des Vertrages verweigert hat (§ 177 I).

---

[34] *RGRK/Steffen*, § 167, Rdnr. 19.

[35] *Palandt/Heinrichs*, § 173, Rdnr. 19; *Soergel-Leptien*, § 167, Rdnr. 22.

[36] *Soergel-Leptien*, § 167, Rdnr. 22.

Wie bereits festgestellt bestand eine Anscheinsvollmacht der H, d. h. gegenüber L galt H als von B bevollmächtigt. Daher kann H nicht als Vertreter ohne Vertretungsmacht angesehen werden.

Es besteht also kein Anspruch des L gegen H auf Zahlung der 38,99 Euro aus § 179 I.

Zweiter Teil: Abwandlung 1

Anspruch des E gegen B aus § 433 II

E könnte gegen B einen Anspruch auf Zahlung der 70 Euro für den Sonnenschirm gemäß § 433 II haben.

Kaufvertrag

Voraussetzung ist, dass zwischen E und B ein Vertrag über den Kauf des Schirmes zustande gekommen ist.

A. Angebot des E

Es müsste ein Angebot vorliegen.

E hat dem B in seinem Brief mitgeteilt, er wolle ihm seinen Sonnenschirm für 70 Euro verkaufen. Ein Angebot liegt somit vor.

I. Abgabe

Das Angebot müsste abgegeben worden sein. Eine empfangsbedürftige Willenserklärung unter Abwesenden gilt als abgegeben, wenn der Erklärende sie willentlich in den Verkehr bringt, so dass ohne sein weiteres Zutun der Zugang der Erklärung eintreten kann[37].
Durch das Absenden des Briefes hat E das Angebot in Richtung auf B willentlich in den Verkehr gebracht, so dass der Zugang bei B eintreten kann. Damit hat A das Angebot abgegeben.

II. Zugang

Nach § 130 I 1 ist es für die Wirksamkeit des in Abwesenheit des anderen abgegebenen Angebots erforderlich, dass es dem anderen zugeht. Der Zugang ist bewirkt, wenn die Willenserklärung in den Machtbereich des Empfängers gelangt und ihm unter gewöhnlichen Umständen deren Kenntnisnahme möglich ist[38].

---

[37] BGH, NJW 1979, 2032 (2033); *Haas,* JA 1997, 116 (117).

[38] BGH, NJW 1979, 2032 (2033); *Haas,* JA 1997, 116 (118); *Palandt/ Heinrichs,* § 130, Rdnr. 5.

In den Machtbereich des Empfängers gelangt die Willenserklärung dann, wenn er die tatsächliche Verfügungsgewalt hierüber erhält[39]. Zu dem Machtbereich des Empfängers gehören beispielsweise die zur Entgegennahme von Erklärungen bereit gehaltenen Einrichtungen wie der Briefkasten[40].

Der Brief des E wurde in den Briefkasten des B geworfen und gelangte somit in den Machtbereich des B.

Ferner erfordert der wirksame Zugang, dass der Empfänger unter gewöhnlichen Umständen die Möglichkeit hat, das Schriftstück zur Kenntnis zu nehmen[41]. Kann der Empfänger die Erklärung wegen längerer Abwesenheit nicht zur Kenntnis nehmen, schließt dies die Möglichkeit der Kenntnisnahme „unter gewöhnlichen Umständen“ nicht aus, denn es kommt nicht auf die tatsächliche Kenntnisnahme an[42].
Zwar befand sich B im Krankenhaus. Unter gewöhnlichen Umständen hätte er aber den Brief zur Kenntnis nehmen können. Damit stand die Abwesenheit des B der Möglichkeit der Kenntnisnahme nicht entgegen.

Das Angebot ist dem B somit zugegangen.

B. Annahme des B durch N als Vertreterin
B müsste das Angebot angenommen haben.

Persönlich hat B sein Einverständnis zum Angebot des E nicht erklärt. Allerdings hat N die Annahme des Angebots erklärt. Mit Aussprechen der Annahme hat N diese in den Verkehr gebracht und damit abgegeben. Eine mündliche Erklärung geht zu, wenn der Empfänger sie wahrnimmt[43]. Mit Aussprechen der Annahme gegenüber E ist die Erklärung folglich zugegangen. Fraglich ist aber, ob die von N erklärte Annahme gemäß § 164 I für und gegen B wirkt.

---

[39] BGH, NJW 1965, 965 (966); *Medicus*, AT, Rdnr. 274.
[40] BGH, NJW 1979, 2032 (2033); *Palandt/ Heinrichs,*§ 130, Rdnr. 5.
[41] *Medicus,* AT, Rdnr. 275.
[42] BAG, NJW 1993, 1093 (1095); BGH, NJW 1989, 2213 (2214).
[43] *Palandt/ Heinrichs*, § 130, Rdnr. 14.

I. Eigene Willenserklärung

N erklärte erst nach Begutachtung des Schirmes, dass sie ihn kaufen wolle. Ihr verblieb also ein eigener Entscheidungsspielraum, der auch nach außen hin erkennbar war. Damit gab N eine eigene Willenserklärung ab.

II. Im fremden Namen

N handelte ausdrücklich im Namen des B.

III. Im Rahmen der Vertretungsmacht

N müsste im Rahmen ihrer Vertretungsmacht gehandelt haben.

1. Bestehen der Vertretungsmacht

B hatte der N telefonisch erklärt, sie solle den Kauf für ihn tätigen. Damit hat er ihr Vollmacht (§ 167 I 1. Alt.) zum Kauf des Schirmes erteilt. N kaufte den Schirm nach der Weisung des B, so dass sie sich im Rahmen der ihr erteilten Vertretungsmacht hielt.

2. Vernichtung der Vertretungsmacht durch Anfechtung

B hat erklärt er fechte die Befugnis der N zum Abschluss des Kaufes an. Hierin ist der Wille zu sehen, die Bevollmächtigung anzufechten. Fraglich ist, ob B die Bevollmächtigung der N anfechten kann, so dass die Vertretungsmacht der N mit ex-tunc Wirkung erlischt (§ 142 I) und N als Vertreter ohne Vertretungsmacht gehandelt hat.

a) Zulässigkeit der Anfechtung

Unbestritten ist die grundsätzliche Anfechtbarkeit der Vollmacht als einseitiger Willenserklärung (§ 167 I). Umstritten ist allerdings, ob eine bereits ausgeübte Innenvollmacht angefochten werden kann. Denn es werden in diesem Fall nicht nur die Interessen des Vertreters, sondern auch die des Dritten berührt.

aa) Befürwortende Ansicht

Nach herrschender Ansicht ist die Anfechtung einer bereits ausgeübten Innenvollmacht nach den allgemeinen Anfechtungsregeln zulässig[44].

---

[44] BGH, NJW 1989, 2879 (2880); *Jauernig*, § 167, Rdnr. 11; *Palandt/ Heinrichs*, § 167, Rdnr. 3; *Soergel/ Leptien*, § 166, Rdnr. 22.

Das Abstraktionsprinzip verlange, die Vollmachtserteilung als selbständiges Rechtsgeschäft vom Vertretergeschäft zu trennen. Damit sei die der Bevollmächtigung zugrundeliegende Willenserklärung grundsätzlich anfechtbar.

Nach dieser Ansicht könnte B seine Willenserklärung anfechten, wenn er einem Willensmangel gemäß §§ 119 ff. unterlag. Ein Anfechtungsgrund könnte sich aus § 119 I 1. Alt. (Inhaltsirrtum) ergeben. Ein Inhaltsirrtum liegt vor, wenn der Erklärende „bei der Abgabe der Willenserklärung über deren Inhalt im Irrtum war."
Beim Inhaltsirrtum gebraucht der Erklärende das Erklärungszeichen, das er benutzen will. Er irrt aber über Sinn und Bedeutung dieses Zeichens[45].

„Helanca" bezeichnet entgegen der Vorstellung des B keine Baumwolle. B irrte sich somit über die inhaltliche Bedeutung des Begriffs „Helanca". Es liegt damit ein Inhaltsirrtum gemäß § 119 I 1. Alt. vor. B als überzeugter Ökologe hätte den Sonnenschirm bei Kenntnis der Sachlage und bei verständiger Würdigung des Falles nicht kaufen wollen und die N daher auch nicht bevollmächtigt. Nach der ersten Ansicht könnte B seine Willenserklärung (Vollmachterteilung) also anfechten.

bb) Ablehnende Ansicht
Nach der Gegenansicht ist die Anfechtung der bereits ausgeübten Innenvollmacht ausgeschlossen[46]. Es gehe für den Vollmachtgeber weniger darum, die Wirkungen der Vollmachtserteilung von sich abzuwenden, als darum, sich von den Folgen des vom Vertreter aufgrund der Vollmacht eingegangenen Geschäfts zu befreien. Daher solle unter analoger Anwendung des § 166 II auf Willensmängel das Vertretergeschäft direkt angefochten werden[47].

Nach dieser Ansicht könnte B die Bevollmächtigung nicht anfechten.

---
[45] *Brox,* AT, Rdnr. 414.
[46] *Brox*, AT, Rdnr. 574; *Eujen/ Frank*, JZ 1973, S. 232 (238).
[47] *Brox*, AT, Rdnr. 574.

cc) Differenzierende Ansicht: Weisungsfälle

Eine vermittelnde Ansicht[48] will grundsätzlich an der Anfechtbarkeit der Bevollmächtigung festhalten. Allerdings soll die Regelung des § 166 II auf Willensmängel des Vertretenen und damit auf die Anfechtung des Vertretergeschäftes in den Fällen ausgeweitet werden, in denen Willensmängel des Vollmachtgebers sich über eine an den Vertreter erteilte Weisung auf das Vertretergeschäft eindeutig auswirken. In diesem Fall soll der Vertretene zur Anfechtung des Vertretergeschäfts berechtigt sein, auch wenn der Vertretene selbst frei von Willensmängeln gehandelt hat[49].

Die Weisung des B gegenüber N, den Sonnenschirm zu kaufen, ist von dem Irrtum beeinflusst, dass „Helanca" „Baumwolle" bedeute. Damit leidet diese Weisung an einem Willensmangel und B könnte das Vertretergeschäft – den Kaufvertrag anfechten.

dd) Stellungnahme

Die zweite Ansicht sieht durch die Zulassung der Anfechtung einer bereits betätigten Innenvollmacht die schutzwürdigen Interessen des Dritten bzw. des Vertreters verletzt. Ziel des § 166 I sei es, den Vertretenen so zu stellen, als habe er quasi selbst das Geschäft abgeschlossen, bei dem ihm ein Fehler unterlaufen sei.

Könnte er aber darüber hinaus durch Anfechtung der Bevollmächtigung das vom Vertreter abgeschlossene Geschäft vernichten, stünde er besser, als wenn er das Geschäft selbst getätigt hätte[50].

Außerdem trage der Vertreter, der im Falle einer Anfechtung der Vollmacht dem Dritten als falsus procurator gemäß § 179 hafte, trotz der Möglichkeit, vom Vertretenen nach § 122 Schadensersatz zu verlangen, das Insolvenzrisiko[51]. Im Falle des minderjährigen Vertreters, der nach § 179 III 2 nicht haftet, trage der Dritte das Insolvenzrisiko. Diesem Ergebnis widerspreche das Grundprinzip, nach dem der Vertretene die Organisationsrisiken, die sich aus dem Einsatz von Stellvertretern ergeben, nicht auf

---

48 *Soergel/ Leptien*, § 166, Rdnr. 33.
49 *Brox*, JA 1980, 449 (452).
50 *Brox*, JA 1980, 449 (451).
51 *Brox*, JA 1980, 449 (452).

den Rechtsverkehr abwälzen darf[52]. Auch in anderen Rechtsverhältnissen sei die Anfechtung im Interesse des Rechtsverkehrs eingeschränkt[53].

Dem ist entgegenzuhalten, dass die Bevollmächtigung ebenso wie jede andere Willenserklärung im Grundsatz anfechtbar ist. Beeinträchtigungen der Interessen des Vertreters oder des Dritten können auf der Rechtsfolgenseite korrigiert werden.

Gegen die Ausweitung des § 166 II spricht das Fehlen einer Regelungslücke, da die Bevollmächtigung selbst anfechtbar ist. Ferner widerspricht die Ausweitung dem Repräsentationsprinzip, nach dem der rechtsgeschäftlich Handelnde allein der Vertreter, nicht der Vertretene ist. Gerade dies ergibt sich schon aus § 166 I. Es ist daher der ersten Ansicht zu folgen. Die Anfechtung der Vollmacht ist also zulässig.

b) Anfechtungsgrund

Es müsste ein Anfechtungsgrund bestehen. Wie bereits oben (S. 50) innerhalb der befürwortenden Ansicht festgestellt, besteht ein Anfechtungsgrund gemäß § 119 I 1. Alt. (Inhaltsirrtum).

c) Anfechtungserklärung

Die Anfechtung müsste gemäß § 143 I erklärt werden. Die Anfechtungserklärung ist ein einseitiges, empfangsbedürftiges Rechtsgeschäft. Es genügt jede Willensäußerung, die unzweideutig erkennen lässt, dass das Rechtsgeschäft rückwirkend beseitigt werden soll[54].

B hat erklärt, er fechte an. Damit liegt eine Anfechtungserklärung vor.

d) Anfechtungsgegner

Die Anfechtung müsste gegenüber dem Anfechtungsgegner erklärt worden sein (§ 143 I). Bei einem einseitigen Rechtsgeschäft ist dies der Erklärungsempfänger (§ 143 III S. 1). Im Falle der gegenüber dem Vertreter erklärten Bevollmächtigung als einseitigem Rechtsgeschäft ist dies jedoch umstritten.

---

[52] *Eujen/ Frank*, JZ 1973, 232 (235).
[53] *Brox*, JA 1980, 449 (451).
[54] *Brox*, AT, Rdnr. 433.

aa) Gegenüber Vertreter

Nach einem Teil der Literatur ist die Anfechtung, wie § 143 III S. 1 es vorschreibt, nur gegenüber dem Vertreter zu erklären[55]. Hiernach würde die Anfechtungserklärung gegenüber N ausreichen.

bb) Gegenüber Vertragspartner

Nach einer anderen Ansicht besteht die Notwendigkeit, die Erklärung zudem oder nur gegenüber dem Vertragspartner abzugeben[56]. Denn es gehe dem Vertretenen letztendlich darum, mit der Anfechtung die Folgen des vom Vertreter mit dem Dritten abgeschlossenen Geschäfts zu beseitigen.

Hiernach musste B auch gegenüber E die Anfechtung erklären. Dies ist geschehen. Damit hat B nach beiden Ansichten durch Erklärung gegenüber N und E den richtigen Anfechtungsgegner benannt.

e) Anfechtungsfrist

Die Anfechtung müsste innerhalb der Frist des § 121 I S. 1 erfolgt sein. Die Anfechtung muss demnach unverzüglich nach Kenntnis des Anfechtungsgrundes erfolgen. Unverzüglich bedeutet „ohne schuldhaftes Zögern“ (§ 121 I S. 1).

B hat sofort nach seiner Rückkehr aus dem Krankenhaus die Anfechtung erklärt. Dies ist als unverzüglich anzusehen, so dass die Anfechtungsfrist gewahrt ist.

Es liegt somit eine wirksame Anfechtung der Vollmachtserteilung vor.

f) Wirkung der Anfechtung

Die Anfechtung beseitigt die Wirkungen der angefochtenen Willenserklärung ex tunc (§ 142 I). Damit hat N ohne Vertretungsmacht gehandelt, als sie mit E den Kaufvertrag abschloss. Die Annahme durch N entfaltete daher keine Wirkungen für und gegen B gemäß § 164 I. Zwischen B und E ist kein Vertrag zustande gekommen.

---

[55] *Soergel/ Leptien*, § 166, Rdnr. 23.

[56] *Staudinger/ Schilken*, § 167, Rdnr. 79; *Medicus* AT, Rdnr. 945.

C. Ergebnis

E hat gegen B keinen Anspruch auf Zahlung des Kaufpreises aus § 433 II.

Dritter Teil: Abwandlung 2

Anspruch des E gegen B aus § 433 II

E könnte gegen B einen Anspruch auf Zahlung der 70 Euro für den Sonnenschirm aus § 433 II haben.

A. Zustandekommen eines Kaufvertrags

Zwischen E und B müsste ein Kaufvertrag geschlossen worden sein.

B hat sich mit T über den Kauf des Sonnenschirmes zu 70 Euro geeinigt. Die Willenserklärung könnte gemäß § 164 I für und gegen E wirken, wenn T ihn vertreten hat.

T hat eine eigene Willenserklärung abgegeben. Zumindest aus den Umständen ergab sich, dass T für E handelte (§ 164 I 2). E hatte die T mit dem Abschluss des Geschäfts beauftragt, so dass T mit Vertretungsmacht handelte.

Die Erklärung der T wirkte somit für und gegen E. Damit wurde ein Kaufvertrag gemäß § 433 wurde zwischen B und E geschlossen.

B. Unwirksamkeit des Kaufvertrags wegen Anfechtung

Möglicherweise ist der Kaufvertrag durch Anfechtung des B vernichtet worden und daher gemäß § 142 I nichtig.

I. Anfechtungsgrund

Als Anfechtungsgrund kommt eine arglistige Täuschung gemäß § 123 I in Betracht.

1. Täuschung

Es muss eine Täuschungshandlung vorliegen. Täuschung ist ein Verhalten, das darauf abzielt, in einem anderen eine unrichtige Vorstellung hervorzurufen, zu bestärken oder zu unterhalten[57]. Die

---

[57] *Brox*, AT, Rdnr. 450.

Täuschungshandlung kann zunächst in einem Tun bestehen. In Betracht kommen diesbezüglich wahrheitswidrige Behauptungen bedeutsamer Umstände[58].

T hatte auf Nachfrage des B erklärt, der Schirm sei weniger als ein Jahr alt. In Wirklichkeit war er drei Jahre alt. Damit stellte T eine wahrheitswidrige Behauptung auf. Eine Täuschung liegt somit vor.

2. Arglist

T müsste ferner arglistig gehandelt haben. Darunter versteht man das Handeln mit Täuschungswillen. Der Handelnde muss die Unrichtigkeit seiner Angaben kennen[59].

T wusste, dass der Sonnenschirm entgegen ihrer Angabe schon drei Jahre alt ist und handelte damit arglistig.

3. Kausalität

Die Täuschungshandlung müsste ferner für die Willenserklärung ursächlich gewesen sein[60].

Ohne die Täuschung hätte B den Schirm vermutlich gar nicht gekauft oder einen günstigeren Preis für den Sonnenschirm verlangt. Damit war die Täuschung der T ursächlich. Es liegt also eine arglistige Täuschung durch T vor.

4. Zurechnung gegenüber E

Die Täuschung wird E nicht zugerechnet, wenn T Dritte i. S. d. § 123 II 1 ist und E die Täuschung weder kannte noch kennen musste.

E kannte die Täuschung der T nicht und seine Unkenntnis beruhte nicht auf Fahrlässigkeit.

Fraglich ist, ob T „Dritte“ im Sinne der Vorschrift ist. Der Wortlaut und die Motive des BGB gehen davon aus, dass ein Dritter ein anderer als der Empfänger der Willenserklärung ist, zu deren

---

58 *Brox*, AT, Rdnr. 450.

59 *Palandt/ Heinrichs*, § 123, Rdnr. 11.

60 *Palandt/ Heinrichs*, § 123, Rdnr. 24.

Abgabe der Getäuschte bestimmt worden ist[61]. Dritter ist also ein am Geschäft Unbeteiligter. Ein Stellvertreter, dem gegenüber die Willenserklärung abgegeben wird, ist hiernach kein am Geschäft Unbeteiligter[62]. Unter Heranziehung des Rechtsgedankens des § 278 ergibt sich, dass der Vertretene sich die Täuschungshandlungen eines anderen zurechnen lassen muss, wenn eine enge Rechtsbeziehung zwischen beiden besteht („Lagertheorie“)[63].

Damit ist die als Vertreterin des E handelnde Tochter T keine „Dritte“ i. S. d. § 123 II 1. Ihre Täuschungshandlung wird dem E zugerechnet, so dass B anfechten kann.

II. Anfechtungserklärung

Nach § 143 I, II 1, 1. Alt. ist die Anfechtung dem E gegenüber zu erklären. Dies ist geschehen.

III. Anfechtungsfrist

B hat den Kaufvertrag angefochten. Dies erfolgte binnen Jahresfrist (§ 124 I). Damit ist der Kaufvertrag gemäß § 142 I durch Anfechtung rückwirkend beseitigt worden.

IV. Ergebnis

E hat gegen B keinen Anspruch auf Kaufpreiszahlung gemäß § 433 II.

Datum, Unterschrift

---

[61] RGZ 72, 133 (135 ff.); BGHZ 20, 36 (39 f.).
[62] BGHZ 20, 39 (40); BGH NJW 1974, 1505 (1506).
[63] *Palandt/ Heinrichs,* § 123, Rdnr. 13.

Lektion 9: Zweite Musterhausarbeit

Sachverhalt

Der Großvater O will seiner Enkelin E, 17 Jahre alt, ein Grundstück schenken, damit sie für ihren weiteren Lebensweg abgesichert ist. Das Grundstück ist mit einer Hypothek belastet. Die Hypothek sichert ein Darlehen zugunsten der Freundin F des O. O geht mit E zu seinem Notar N und lässt den Schenkungsvertrag über das Grundstück notariell beurkunden. Zugleich gibt O die Erklärung ab, dass er das Eigentum an dem Grundstück übertrage und E nimmt diese Erklärung an. E wird als Eigentümerin im Grundbuch eingetragen. O räumt der E den alleinigen Besitz ein.

Da E das Grundstück sehr gut gefällt, legt sie einen Grillplatz an, den sie im Sommer für coole Grillpartys mit ihren Freunden benutzen möchte. Als der verwitwete Vater V – der Schwiegersohn des O – von dem Geschäft hört, ist er empört. Er ruft bei O an und teilt ihm mit, dass er sich gegen die Schenkung ausspreche, da T sowieso schon viel zuviel feiere. Er als Vater sei strikt dagegen.

E befürchtet nun, dass sie das Grundstück an ihren Großvater herausgeben muss und keine coolen Partys mehr feiern kann. Ist diese Sorge begründet?

Der verwitwete Vater V will seiner Tochter E ein seiner Meinung nach sinnvolles Geschenk machen und ihr sein Hausgrundstück in der Innenstadt schenken. Das darauf befindliche Haus ist momentan an den Mieter M vermietet. V geht zum Notar und erklärt mit sich als Vertreter der E („im Namen meiner Tochter E"), dass er das Grundstück an E verschenken wolle. Der Schenkungsvertrag wird notariell beurkundet. Kann die mittlerweile 18 Jahre alte E die Übereignung des Grundstücks verlangen?

Bearbeitervermerk: Bereicherungsrechtliche Ansprüche bleiben außer Betracht.

II.

Gliederung

III.

Literaturverzeichnis

Brox, Hans	Allgemeiner Teil des BGB 27. Auflage, Köln, Berlin, Bonn, München 2003 (zitiert: Brox, AT)
Brox, Hans	Der Minderjährigenschutz beim Rechtsgeschäft JA 1998, S. 441 ff (zitiert: Brox, JA 1998)
Erman, Walter	Bürgerliches Gesetzbuch: Handkommentar Band 1: §§ 1-853 10. Auflage, Münster 2000 (zitiert: Erman/ Bearbeiter)
Feller, Lutz	Teleologische Reduktion des § 181 letzter Halbsatz BGB bei nicht lediglich rechtlich vorteilhaften Erfüllungsgeschäften DNotZ 1989, S. 66 ff. (zitiert: Feller, DNotZ 1989)
Gitter, Wolfgang Schmitt, Jochem	Die geschenkte Eigentumswohnnug – BGHZ 78, 29 JuS 1982, S. 253 ff. (zit.: Gitter/Schmitt, JuS 1982)
Harder, Manfred	Die Erfüllungsannahme durch den Minderjährigen – lediglich ein rechtlicher Vorteil? JuS 1977, S. 149 ff. (zitiert: Harder, JuS 1977)

Jauernig, Othmar	Noch einmal: Die geschenkte Eigentumswohnung – BGHZ 78, 28 JuS 1982, S. 576 f. (zitiert: Jauernig, JuS 1982)
Jerschke, Hans-Ulrich	Ist die Schenkung eines vermieteten Grundstücks rechtlich vorteilhaft? DNotZ 1982, S. 459 ff. (zit.: Jerschke, DNotZ 1982)
Köhler, Helmut	Grundstücksschenkung an Minderjährige – „ein lediglich rechtlicher Vorteil“? JZ 1983, S. 225 ff. (zitiert: Köhler, JZ 1983)
Medicus, Dieter	Allgemeiner Teil des BGB 8. Auflage, Heidelberg 2002 (zitiert: Medicus, AT)
Münchener Kommentar zum Bürgerlichen Gesetzbuch	Band 1: Allgemeiner Teil (§§ 1-240) 3. Auflage, München 1993 (zitiert: MüKo/ Bearbeiter)
Palandt, Otto	Bürgerliches Gesetzbuch 63. Auflage, München 2004 (zitiert: Palandt/ Bearbeiter)
Stürner, Rolf	Der lediglich rechtliche Vorteil AcP 173 (1973), S. 402 ff. (zitiert: Stürner, AcP 173)
Ultsch, Michael L.	Schenkung des gesetzlichen Vertreters an Minderjährige: Gesamtbetrachtung oder konsequente Einhaltung des Trennungsprinzips? Jura 1998, 524 ff. (zitiert: Ultsch, Jura 1998)

V.

Staudinger, Julius v.	Kommentar zum Bürgerlichen Gesetzbuch: mit Einführungsgesetz und Nebengesetzen Buch 1. Allgemeiner Teil (§§ 164-240) Neubearbeitung, Berlin 2001 (zit.: Staudinger/ Bearbeiter)
Wolf, Manfred	Sachenrecht 19. Auflage, München 2003 (zitiert: Wolf, Sachenrecht)

Gutachten

A. Herausgabeanspruch des O gegen E aus § 985

O könnte gegen E einen Anspruch auf Herausgabe des Grundstücks aus § 985[64] haben. Voraussetzung hierfür ist, dass O Eigentümer und E Besitzerin des Grundstücks ist und E kein Recht zum Besitz i. S. d. § 986 zusteht.

I. Eigentum des O

O müsste Eigentümer des Grundstücks sein.

Das Eigentum an dem Grundstück stand ursprünglich dem O zu.

II. Eigentumsverlust

O könnte das Eigentum jedoch durch Übereignung gemäß §§ 873 I, 925 I an E verloren haben. Die Übereignung eines Grundstücks erfolgt durch Einigung des Erwerbers mit dem Veräußerer (sog. Auflassung, § 925 I 1) und durch Eintragung im Grundbuch.

1. Eintragung

E wurde als Eigentümerin in das Grundbuch eingetragen.

2. Auflassung

O und E müssten die Auflassung des Grundstücks erklärt haben. Eine Auflassung ist der für den Eigentumserwerb erforderliche dingliche Verfügungsvertrag über den Eigentumsübergang am Grundstück[65]. Erforderlich sind also zwei inhaltlich übereinstimmende und mit Bezug aufeinander abgegebene Willenserklärungen, nämlich das Angebot und die Annahme.

a) Angebot

O könnte ein Angebot zur Eigentumsübertragung an dem Grundstück abgegeben haben. Ein Angebot bezeichnet die empfangsbedürftige Willenserklärung, durch die einem anderen ein Vertragsschluss so angetragen wird, dass das Zustandekommen des Vertrages nur noch von dessen Zustimmung abhängt[66].

---

[64] Die folgenden §§ sind – soweit nicht anders gekennzeichnet - solche des BGB.

[65] *Wolf*, Sachenrecht, Rdnr. 423.

[66] *Brox*, AT, Rdnr. 165.

O ging mit E zum Notar und schlug ihr vor, das Eigentum an dem Grundstück auf sie zu übertragen. Somit liegt ein Angebot des O zur Grundstücksübereignung vor.

Dieses müsste der E zugegangen sein. Die 17-jährige E ist nach §§ 106, 2 in der Geschäftsfähigkeit beschränkt. Damit gelten bezüglich des Zugangs von Willenserklärungen besondere Vorschriften. Nach § 131 II 1 i. V. m. I wird die Willenserklärung, die gegenüber einem beschränkt Geschäftsfähigen abgegeben wurde, grundsätzlich erst mit Zugang beim gesetzlichen Vertreter wirksam. Nach § 131 II 2 wird die Willenserklärung jedoch schon mit Zugang beim beschränkt Geschäftsfähigen wirksam, wenn sie diesem lediglich einen rechtlichen Vorteil bringt. Ein Vertragsangebot bringt keine Verpflichtungen mit sich und eröffnet dem Minderjährigen allein die Möglichkeit, den Vertrag zustande zu bringen. Daher ist ein Vertragsangebot – egal welchen Inhalts - als rechtlich vorteilhaft in diesem Sinne anzusehen[67].

Das an E gerichtete Angebot auf Übereignung ist daher lediglich rechtlich vorteilhaft und der E somit zugegangen.

b) Annahme

E müsste das Angebot des O angenommen hat. Die Annahme ist eine empfangsbedürftige Willenserklärung, durch die der Antragsempfänger dem Antragenden sein Einverständnis mit dem angebotenen Vertragsschluss zu verstehen gibt[68].

E hat bei dem Notar ihr Einverständnis mit der Übertragung des Eigentums am Grundstück erklärt.

Eine unter Anwesenden abgegebene Willenserklärung geht mit ihrer Wahrnehmung durch den Erklärungsempfänger zu[69].

O hat die Einverständniserklärung der E vernommen, so dass der Zugang erfolgte. Also haben sich O und E über den Eigentumsübergang am Grundstück gemäß § 873 I geeinigt.

---

[67] *Palandt/ Heinrichs*, § 131, Rdnr. 3.

[68] *Brox*, AT, Rdnr. 176.

[69] *Brox*, AT, Rdnr. 156.

c) Notarielle Beurkundung

Die Einigung muss gemäß § 925 I vor einer zuständigen Stelle erklärt werden, wobei „zuständige Stelle“ zumindest jeder Notar ist (§ 925 I 2).

O und E haben zugleich die Einigung über den Eigentumsübergang vor dem Notar N erklärt. Damit ist das gesetzliche Formerfordernis des § 925 I erfüllt worden.

3. Wirksamkeit der Auflassung

Die von E erklärte Annahme könnte gleichwohl gemäß §§ 106, 108 I (schwebend) unwirksam sein, wenn die Zustimmung des gesetzlichen Vertreters zu dem Geschäft erforderlich ist und nicht vorliegt.

Die 17-jährige E ist nach § 106 in der Geschäftsfähigkeit beschränkt. Gemäß § 107 ist für eine Willenserklärung des Minderjährigen, durch die er nicht lediglich einen rechtlichen Vorteil erlangt, die Einwilligung des gesetzlichen Vertreters erforderlich. Die Einwilligung meint gemäß § 183 die vorherige Zustimmung des gesetzlichen Vertreters.

V hat der Auflassung des Grundstücks nicht zugestimmt. Eine Einwilligung zu der Eigentumsübertragung liegt daher nicht vor.

a) Grundstückserwerb per se

Der Auflassungsvertrag wäre dennoch wirksam, wenn E durch die Annahme des Auflassungsangebots lediglich einen rechtlichen Vorteil erlangt.

E soll durch ihre Willenserklärung das Eigentum an dem Grundstück erlangen. Ihr Vermögen würde sich hierdurch vermehren, dies wäre vorteilhaft. Auf der anderen Seite bringt der Grundstückserwerb die allgemeinen Pflichten zur Tragung öffentlicher Lasten (z. B. Steuern, Abgaben, Gebühren) mit sich. Ebenfalls unterliegt der Grundstückseigentümer der Verkehrssicherungspflicht[70].

---

[70] *Brox*, JA 1989, 441 (445).

Es ist daher fraglich, ob der Grundstückserwerb per se lediglich rechtlich vorteilhaft sein kann. Dies ist in Literatur und Rechtsprechung umstritten.

aa) Rechtliche Betrachtungsweise

Nach der rechtlichen Betrachtungsweise ist zwischen unmittelbaren und mittelbaren Nachteilen zu unterscheiden[71]. Unmittelbare Nachteile sind solche, die sich direkt aus dem Eigentumserwerb ergeben. Diese sind nicht lediglich rechtlich vorteilhaft, wenn sie den Minderjährigen persönlich verpflichten[72].
Mittelbare Nachteile sind solche, die sich erst indirekt aus dem Eigentum ergeben. Sie sind nicht als Folge des rechtsgeschäftlichen Erwerbs anzusehen und begründen daher nach dieser Ansicht keinen rechtlichen Nachteil[73]. Zu den mittelbaren rechtlichen Nachteilen zählen öffentlich-rechtliche Pflichten wie die Zahlung der Grunderwerbssteuer, andere Abgaben für das Grundstück oder zivilrechtliche Pflichten wie die Verkehrssicherungspflicht[74]. Es wird angeführt, diese mittelbaren Verpflichtungen änderten nichts an der rechtlichen Vorteilhaftigkeit der Übereignung. Außerdem gäbe es andernfalls praktisch keine zustimmungsfreien Geschäfte mehr, da jedes Geschäft mittelbar zu rechtlichen Nachteilen führen könne[75].

Nach dieser Ansicht führen die mit dem Grundstückserwerb verbundenen öffentlich-rechtlichen und zivilrechtlichen Pflichten nicht dazu, dass der Eigentumserwerb lediglich rechtlich nachteilig ist. Somit ist nach dieser Ansicht die Annahme des Übereignungsangebotes per se lediglich rechtlich vorteilhaft und daher nicht zustimmungsbedürftig.

---

[71] *Palandt/ Heinrichs*, § 107, Rdnr. 2 f.; *Staudinger/ Dilcher*, § 107, Rdnr. 11; *MüKo/ Schmitt*, § 107, Rdnr. 29; *Erman/ Palm*, § 107, Rdnr. 3.

[72] *Palandt/ Heinrichs*, § 107, Rdnr. 2.

[73] BGHZ 15, 168 (169); *Erman/ Palm*, § 107, Rdnr. 6; *Palandt/ Heinrichs*, § 107, Rdnr. 3.

[74] *Brox*, JA 1989, 441 (445); *MüKo/ Schmitt*,§ 107, Rdnr. 36.

[75] *Brox*, JA 1989, 441 (445).

bb) Wirtschaftliche Betrachtungsweise

Die wirtschaftliche Betrachtungsweise unterscheidet die wesentlichen und die unwesentlichen Rechtsnachteile anhand des Normzwecks des § 107[76]. § 107 solle den Minderjährigen vor nachteiligen Rechtsgeschäften schützen. Die formale Betrachtung „lediglich rechtlich vorteilhaft" wird hierbei mit einer am Normzweck orientierten wirtschaftlichen Betrachtungsweise kombiniert[77]. Bei der Definition des „rechtlichen Vorteils" wird darauf abgestellt, ob das Vermögen des Minderjährigen beeinträchtigt wird. Ungefährlich ist ein Rechtsnachteil dann, wenn er typischerweise den wirtschaftlichen Zuwachs, welchen das Rechtsgeschäft mit sich bringt, nur mindern oder bestenfalls aufzehren kann[78]. Der Erwerb eines Grundstücks sei auch unter Berücksichtigung der damit verbundenen öffentlich- und privatrechtlichen Pflichten und Lasten zustimmungsfrei, da jeder billig und gerecht denkende gesetzliche Vertreter dem unentgeltlichen und damit wirtschaftlich günstigen Erwerb zustimmen müsste[79].

Es ist davon auszugehen, dass das Grundstück mehr wert ist als das, was zur Deckung der öffentlichen Lasten erforderlich ist. Nach dieser Ansicht ist die Übertragung des Grundstücks an E daher lediglich rechtlich vorteilhaft und zustimmungsfrei.

cc) Sorgerechtliche Betrachtungsweise

Die sorgerechtliche Betrachtungsweise stellt hingegen allein auf den Minderjährigen-, den elterlichen Sorgerechts- und den Rechtssicherheitsschutz des § 107 ab[80].

Nach dieser Ansicht ist ein Rechtsgeschäft eines Minderjährigen dann nicht lediglich rechtlich vorteilhaft und somit zustimmungsbedürftig, wenn nach Art und Umfang der damit verbundenen Nachteile eine Kontrolle durch den gesetzlichen Vertreter geboten ist[81]. Ziel des § 107 sei der Minderjährigenschutz.

---

[76] *Stürner*, AcP 173, 1973, 402 (417).
[77] *Stürner*, AcP 173, 402 (417).
[78] *Stürner*, AcP 173, 402 (421).
[79] *Stürner*, AcP 173, 402 (420).
[80] *Köhler*, JZ 1983, 225 f.
[81] *Köhler*, JZ 1983, 225 (230).

Die Eltern als Sorgeberechtigte sollen den Minderjährigen vor schädlichen Rechtsgeschäften bewahren[82]. Da der Minderjährige das Grundstück regelmäßig nicht selbstständig verwalten könne und weil die öffentlichen Lasten das Vermögen des Minderjährigen belasteten, sei der Grundstückserwerb nicht lediglich rechtlich vorteilhaft und bedürfe der Zustimmung durch die Eltern.

Hiernach benötigte E die Zustimmung ihres Vaters zur Erklärung der Annahme der Auflassungserklärung.

dd) Stellungnahme

Die letztgenannte Ansicht sieht jede Übereignung eines Grundstücks als nicht lediglich rechtlich vorteilhaft und somit zustimmungsbedürftig an. Im Zweifel können die öffentlich-rechtlichen Lasten aber selbstständig bestritten werden. Ferner widerspricht die sorgerechtliche Betrachtungsweise dem Zweck des § 107, der dem Minderjährigen eine gewisse Selbstverantwortung einräumt. Diese Selbstverantwortung des Minderjährigen ergibt sich auch aus dem Zusammenspiel mit §§ 110 ff. Aus diesen Gründen ist die sorgerechtliche Betrachtungsweise abzulehnen.
Nach der rechtlichen und nach der wirtschaftlichen Betrachtungsweise ist die Willenserklärung zu einem Grundstückserwerb an sich nicht als rechtlich nachteilig anzusehen. Dem ist zu folgen. Somit benötigte E zur Wirksamkeit ihrer Willenserklärung, die auf den Grundstückserwerb gerichtet war, nicht per se die Einwilligung ihres Vaters.

b) Belastung des Grundstücks mit einer Hypothek

Fraglich ist, ob die Belastung des Grundstücks mit der Hypothek einen rechtlichen Nachteil darstellt, so dass die Willenserklärung der E zustimmungsbedürftig war.

Solange nur die Hypothek und nicht auch die gesicherte Forderung auf den Minderjährigen übergeht, ist er nur verpflichtet, nach § 1147 die Zwangsvollstreckung in das Grundstück zu dulden. Persönlich haftet der Minderjährige nicht.

---

[82] *Köhler*, JZ 1983, 225 (230).

Die durch den Eigentumserwerb eintretende Vermögensmehrung wird also lediglich durch die Hypothek gemindert[83]. Die Pflicht, unter Umständen die Zwangsvollstreckung in das Grundstück dulden zu müssen, stellt keinen unmittelbaren Nachteil des Eigentumserwerbs dar. Daher stellt der Erwerb eines mit einer Hypothek belasteten Grundstücks keinen rechtlichen Nachteil dar.

E hat nicht die persönliche Schuld der H, sondern nur die Hypothek übernommen. Damit wird E durch den Eigentumserwerb persönlich nicht verpflichtet. Die Übernahme der Hypothek macht den Grundstückserwerb somit nicht rechtlich nachteilig. Daher brauchte E zu ihrer Willenserklärung keine Einwilligung des V (§ 107 I).

Die Willenserklärung zur Eigentumsübertragung an dem Grundstück ist folglich trotz Belastung des Grundstücks mit einer Hypothek wirksam.

c) Nachteil durch Anspruchsverlust

Die Willenserklärung der E könnte nach § 107 I (schwebend) unwirksam sein, wenn E durch ihre Abgabe einen Anspruchsverlust erleidet und dieser als rechtlich nachteilig anzusehen ist. Der Anspruchsverlust könnte gemäß § 362 I eintreten, indem der durch den Schenkungsvertrag entstandene Anspruch auf Übereignung des Grundstücks erlischt.

Nach überwiegender Ansicht können Leistungspflichten gegenüber Minderjährigen nicht erfüllt werden, wenn der Leistungsgegenstand nicht an den gesetzlichen Vertreter gelangt, da nur dieser für den Empfang zuständig sei[84]. Der Eigentumserwerb des Minderjährigen bleibt unberührt[85].

Hiernach würde E ihren Erfüllungsanspruch nicht verlieren und keinen rechtlichen Nachteil erleiden.

---

[83] *Brox*, JA 1989, 441 (446).
[84] *Medicus*, AT, Rdnr. 566.
[85] *Medicus*, AT. Rdnr. 566.

Eine andere Ansicht geht davon aus, dass auch die Erfüllungsannahme keinen rechtlichen Nachteil für den Minderjährigen darstellt[86]. Dies wird damit begründet, dass es für den Minderjährigen günstiger sei, den Leistungsgegenstand selbst als nur die Forderung zu haben. Nach dieser Ansicht wäre zwar Erfüllung i. S. d. § 362 eingetreten, aber sie stellt keinen rechtlichen Nachteil dar.

Damit kommen beide Ansichten zu dem Ergebnis, dass die mit der Eigentumsübertragung verbundenen Wirkungen für das schuldrechtliche Geschäft keinen rechtlichen Nachteil i. S. d. § 107 begründen. Die Übereignung des Grundstücks an E ist damit lediglich rechtlich vorteilhaft. Die Zustimmung des gesetzlichen Vertreters war somit nicht erforderlich. O und E haben sich wirksam über den Eigentumsübergang am Grundstück geeinigt.

Das Eigentum am Grundstück ist folglich gemäß §§ 873 I, 925 I auf E übergegangen und O hat das Eigentum verloren.

III. Ergebnis

O hat also gegen E keinen Anspruch auf Herausgabe des Grundstücks gemäß § 985.

B. Anspruch der E gegen V aus §§ 516, 518 I

E könnte gegen V einen Anspruch auf Übereignung des Hausgrundstücks gemäß §§ 516, 518 I haben. Voraussetzung ist, dass E und V einen wirksamen Schenkungsvertrag geschlossen haben. Als Schuldvertrag sind hierfür wechselseitige Willenserklärungen in Form des Angebotes und der Annahme erforderlich.

I. Angebot des V

V könnte ein Schenkungsversprechen abgegeben haben. Ein Schenkungsversprechen ist die Zusage, einen anderen durch eine unentgeltliche Zuwendung aus dem eigenen Vermögen bereichern zu wollen (§ 516 I).

---

[86] *Harder*, JuS 1977, 149 (151).

V hat erklärt, er wolle der E das Eigentum an dem Hausgrundstück vermachen. Er verlangte keine Gegenleistung. Damit wollte V das Vermögen der E unentgeltlich bereichern. Ein Schenkungsversprechen liegt somit vor.

Das Schenkungsversprechen müsste der E zugegangen sein. Eine unter Anwesenden erfolgte mündliche Willenserklärung wird mit Abgabe wirksam, wenn der Erklärungsempfänger sie zur Kenntnis nimmt[87]. Nach § 164 III wirkt die gegenüber einem Vertreter abgegebene Willenserklärung für und gegen den Vertretenen.

V gab die Willenserklärung sich selbst gegenüber als Vertreter der E ab. Damit liegt eine Willenserklärung unter Anwesenden vor. V hat seine Willenserklärung wahrgenommen, so dass sie in diesem Zeitpunkt als der E zugegangen gilt (§ 164 III).

Das Schenkungsversprechen muss gemäß § 518 I 1 notariell beurkundet werden. Die notarielle Beurkundung des Schenkungsvertrages und damit auch des Schenkungsversprechens ist erfolgt.

Damit liegt ein wirksames Angebot durch V vor.

II. Annahme durch E

E müsste das Schenkungsversprechen des V wirksam angenommen haben.

1. E persönlich

E war nicht persönlich zugegen als die Schenkung vor dem Notar vereinbart wurde. Somit hat E das Angebot des V nicht persönlich angenommen.

2. Annahme durch V als Vertreter der E

V könnte als Vertreter der E die Annahme erklärt haben, welche dann gemäß § 164 I für und gegen E wirkt. Voraussetzung ist, dass V eine eigene Willenserklärung im Namen der E mit Vertretungsmacht abgegeben hat.

---

[87] *Brox*, AT, Rdnr. 156; *Palandt/ Heinrichs*, § 130, Rdnr. 14.

a) Eigene Willenserklärung

V erklärte die Annahme des Schenkungsversprechens vor dem Notar. Die Abgabe dieser Willenserklärung war ihm nicht von E aufgetragen worden, so dass sie eine eigene Willenserklärung des V darstellt.

b) Im fremden Namen

V erklärte die Auflassung „im Namen seiner Tochter E". Somit handelte er im fremden Namen, das Offenkundigkeitsprinzip ist gewahrt.

c) Mit Vertretungsmacht

Fraglich ist, ob V für die Annahmeerklärung Vertretungsmacht besaß.

Nach §§ 1629 I, 1626 sind die Eltern die gesetzlichen Vertreter des Kindes. Der verwitwete V vertritt die E nach dem Tod seiner Frau allein (§ 1680 I).

3. Wirksamkeit der Vertretung

Die Vertretungsmacht des V könnte bei der Erklärung der Annahme der Schenkung durch § 181 ausgeschlossen gewesen sein.

a) Verbot des Selbstkontrahierens, § 181

Gemäß § 181 kann ein Vertreter im Namen des Vertretenen mit sich im eigenen Namen ein Rechtsgeschäft nicht vornehmen, es sei denn, dass das Rechtsgeschäft ausschließlich in der Erfüllung einer Verbindlichkeit besteht. Ein Rechtsgeschäft ist ein Tatbestand, der aus mindestens einer Willenserklärung und oft aus weiteren Elementen besteht, an welche die Rechtsordnung den Eintritt eines gewollten rechtlichen Erfolges knüpft[88].

V hat ein Angebot im eigenen Namen und die Annahme im Namen der E erklärt. An das Vorliegen beider Erklärungen knüpft die Rechtsordnung den rechtlichen Erfolg eines Vertrages, so dass die Auflassung ein Rechtsgeschäft darstellt. V war auf beiden Seiten der Parteien tätig, so dass ein Fall der Selbstkon-

---

[88] *Brox*, AT, Rdnr. 96.

traktion vorliegt, welcher nach § 181 grundsätzlich unzulässig ist. Allerdings besteht eine Ausnahme, wenn das Rechtsgeschäft lediglich in der Erfüllung einer Verbindlichkeit bestand (§ 181 letzter Hs.).

Beim Abschluss eines Schenkungsvertrages handelt es sich um den Abschluss eines Verpflichtungsgeschäftes, mit dem eine Verpflichtung erst entstehen soll. Eine Verbindlichkeit wird also durch Abschluss des Vertrages nicht erfüllt. Die Ausnahme kommt hier somit nicht in Betracht.

b) Teleologische Reduktion des § 181

Allerdings ist § 181 dahingehend auszulegen, dass das Verbot des Insichgeschäfts nicht gilt, wenn ein Interessenskonflikt für den Vertretenen ausgeschlossen ist. Dies ist bei für den Vertretenen lediglich rechtlich vorteilhaften Geschäften der Fall[89]. Hierbei wird auf die Wertungen des Minderjährigenrechts zurückgegriffen, insbesondere auf § 107: Ein Schutz des Minderjährigen vor eigenen Willenserklärungen ist nicht erforderlich, wenn die Erklärung ihm lediglich einen rechtlichen Vorteil bringt. Ebenso muss der Vertretene über § 181 nicht vor Geschäften des Vertreters geschützt werden, wenn diese lediglich rechtlich vorteilhaft sind. Geklärt werden muss daher, ob der Abschluss des Schenkungsvertrages lediglich rechtlich vorteilhaft ist.

Durch den Abschluss des Schenkungsvertrages erhält E den Anspruch auf Übereignung des Hausgrundstücks. Verpflichtungen treffen die E nicht. Diese würden sich erst nach Auflassung des Grundstücks ergeben. Das Verpflichtungsgeschäft selbst ist daher lediglich rechtlich vorteilhaft.

aa) Gesamtbetrachtung

Ist der Schenkungsvertrag für sich gesehen rechtlich vorteilhaft, die Übereignung aber nachteilig, so kann über § 181 letzter Hs. die Eigentumsübertragung erfolgen. Damit könnten der Schutzzweck des § 181, Interessenkollisionen zu vermeiden, und der Minderjährigenschutz umgangen werden. Es wird daher vorgeschlagen, schon bei der Beurteilung des Verpflichtungsgeschäftes

---

[89] BGHZ 59, 236 (240); *Erman/ Palm*, § 181, Rdnr. 10; *Palandt/ Heinrichs*, § 181, Rdnr. 9.

eine Gesamtbetrachtung der rechtlichen Vor- und Nachteile des Verpflichtungs- und Verfügungsgeschäfts vorzunehmen[90]. Bei der Beurteilung der rechtlichen Vorteile des Schenkungsvertrags müsse berücksichtigt werden, ob sich Nachteile aus seinem Vollzug ergeben[91].

Das Grundstück ist an den M vermietet. Nach § 566 I würde die E im Falle der Übereignung in das Mietverhältnis mit M eintreten. Dabei ist der Erwerber nach § 566 I nicht Rechtsnachfolger, sondern Vermieter aus eigenem Recht[92]. Ihn treffen die allgemeinen Pflichten aus dem Mietverhältnis, also beispielsweise die aus § 535 I 2 folgende Pflicht, die Mietsache dem Mieter in einem zum vertragsgemäßen Gebrauch geeigneten Zustand zu überlassen und während der Mietzeit in diesem Zustand zu erhalten. Außerdem besteht die aus §§ 536 ff. folgende Haftung für Mängel. Nach den oben dargelegten Ansichten stellt diese persönliche Verpflichtung des Minderjährigen einen rechtlichen Nachteil dar. Die schuldrechtliche Übernahme eines Mietverhältnisses ist daher als Rechtsnachteil anzusehen[93].

Die Übereignung des vermieteten Hausgrundstücks ist somit nicht lediglich rechtlich vorteilhaft.

Nach der Gesamtbetrachtung wirkt sich die Nachteiligkeit des Verfügungsgeschäftes auch auf den schuldrechtlichen Vertrag aus. Somit ist auch der Schenkungsvertrag als nicht lediglich rechtlich vorteilhaft anzusehen, so dass die Vertretungsmacht des V zum Abschluss des Schenkungsvertrages für E nicht bestand. Der Schenkungsvertrag ist also gemäß §§ 1629 II S. 1, 1795 II, 181, 108 I schwebend unwirksam.

bb) Abstraktions- und Trennungsprinzip

Nach anderer Ansicht verstößt die Gesamtbetrachtung gegen das Abstraktions- und Trennungsprinzip. Das dingliche Erfüllungsgeschäft der Übereignung und der schuldrechtliche Schenkungsvertrag müssten getrennt beurteilt werden[94].

---

90 BGHZ 78, 28 (35); *Gitter/ Schmitt*, JuS 1982, 253 (256).

91 BGHZ 78, 28 (35); *Medicus*, AT, Rdnr. 565.

92 *Jerschke*, DNotZ 1982, 459 (466).

93 *Erman/ Palm*, § 107, Rdnr. 6; *Feller*, DNotZ 1989, 66 (72).

94 *Erman/ Palm*, § 107, Rdnr. 5; *Jauernig*, JuS 1982, 576 (576).

Die öffentlichrechtlichen Pflichten und der Eintritt in das Mietverhältnis ergeben sich vorliegend erst aus der Übertragung des Eigentums. Das Schenkungsversprechen an sich bringt der E einen Anspruch auf Auflassung und Eintragung in das Grundbuch. Demnach ist der Schenkungsvertrag für E lediglich rechtlich vorteilhaft und V konnte die E wirksam vertreten.

Probleme ergeben sich jedoch – wie bereits erwähnt - aus § 181 letzter Hs. Denn hiernach kann die Übereignung des Grundstücks durch Insichgeschäft aufgrund des wirksamen Schenkungsvertrags erfolgen, auch wenn die Übereignung zu rechtlichen Nachteilen für den Minderjährigen führt. Daher wird vorgeschlagen, den zweiten Halbsatz des § 181 einzuschränken (teleologisch zu reduzieren). Die Erfüllung einer Verbindlichkeit soll nur möglich sein, wenn das Erfüllungsgeschäft selbst lediglich rechtlich vorteilhaft ist[95].

Nach der hier dargelegten Ansicht schlägt der rechtliche Nachteil des Erfüllungsgeschäfts nicht auf das Verpflichtungsgeschäft durch.

Demnach ist der Schenkungsvertrag als lediglich rechtlich vorteilhaft anzusehen, so dass § 181 nicht eingreift und V die E wirksam vertreten konnte.

cc) Stellungnahme

Die Gesamtbetrachtung wird vorgenommen, um die Umgehung des § 181 zu verhindern und um den Minderjährigenschutz umfassend durchzusetzen. Dabei wird das Abstraktionsprinzip außer Acht gelassen. Es werden auch solche Rechtsgeschäfte als rechtlich nachteilig betrachtet, die für sich gesehen rechtlich vorteilhaft sind. Dies geht aber über das für die Gewährleistung des Minderjährigenschutzes Erforderliche hinaus[96]. Die Gesamtbetrachtung führt zwar an, dass es praxisfremd sei, ein Rechtsgeschäft als gültig zu betrachten, dessen Erfüllung nicht durchgesetzt werden könne.

---

[95] *Feller*, DNotZ 1989, 66 (75); *Jauernig*, JuS 1982, 576 (577); *Ultsch*, Jura 1998, 524 (528).

[96] *Ultsch*, Jura 1998, 524 (528).

Hierbei wird aber vergessen, dass die Übereignung möglicherweise nach Eintritt der Volljährigkeit des Minderjährigen durchgesetzt werden kann[97]. Es besteht daher durchaus ein Interesse daran, den Schenkungsvertrag unabhängig vom Erfüllungsgeschäft zu beurteilen und ihn als lediglich rechtlich vorteilhaft bestehen zu lassen. Es ist daher der zweiten Ansicht zu folgen.

V konnte den Schenkungsvertrag wirksam mit sich als Vertreter der E schließen.

Der Schenkungsvertrag ist damit wirksam zustande gekommen.

III. Form

Ein Vertrag, der auf Eigentumsübertragung an einem Grundstück gerichtet ist, muss gemäß § 311 b I notariell beurkundet werden.

Der Schenkungsvertrag wurde notariell beurkundet, so dass den Formerfordernissen Genüge getan wurde.

IV. Ergebnis

E hat gegen V einen Anspruch auf Übereignung des Grundstücks aus §§ 516, 518 I.

Datum, Unterschrift

---

[97] *Ultsch,* Jura 1998, 524 (528).

Lektion 10: Dritte Musterhausarbeit

Sachverhalt

Ausgangsfall
Frau M aus Berlin befindet sich mit ihren Söhnen Paul (P) und Emil (E) im Urlaub in Bayern. Beim morgendlichen Zeitunglesen entdeckt M die Anzeige der V, die einen Kinderpullover für 50 Euro verkaufen will. Der Pulli war für V´s eigene Kinder zu klein. Es handelt sich bei dem Pullover um einen Micky-Mouse Pullover mit einem Touchpad in der Mitte. Beim Drücken des Touchpads ertönt eine Melodie. So einen Pulli wollte E schon immer haben. M geht zu V und vereinbart mit ihr den Kauf des Pullovers. Da die Koffer der Familie M brechend voll sind, bittet sie die V - natürlich auf Kosten der Frau M – den Pullover zu ihnen nach Hause zu schicken. Es wird vereinbart, dass die Bezahlung bei Übergabe des Pullovers erfolgen soll. Da Frau V zufälligerweise in den nächsten Tagen selbst nach Berlin fährt, nimmt sie den Pulli für Frau M mit. Auf der Fahrt wird Frau V schuldlos in einen Unfall verwickelt und der Pullover verbrennt. Muss M den Kaufpreis noch zahlen?

Abwandlung 1
Diesmal transportiert nicht Frau V, sondern Fahrer F den Pullover. V hat F durch eine Anzeige gefunden: „Junger Mann (26) zieht nach Berlin um und nimmt gegen entsprechendes Entgelt gerne Ihre Sachen mit." F verschuldet einen Unfall, bei dem der Pullover verbrennt. Muss M den Kaufpreis zahlen?

Abwandlung 2
Frau V beauftragt die Zustellfirma Z mit der Lieferung des Pullovers. Sie übergibt dem Inhaber Z, der persönlich den Transporter fährt, den Pullover. Z verschuldet einen Unfall. Der Pullover verbrennt. Muss M den Kaufpreis zahlen?

II.

Gliederung

Erster Teil: Ausgangsfall

Zweiter Teil: Abwandlung 1

Dritter Teil: Abwandlung 2

Literaturverzeichnis

Brox, Hans	Allgemeiner Teil des BGB 27. Auflage, Köln, Berlin, Bonn, München 2003 (zitiert: Brox, AT)
Brox, Hans Walker, Wolf-Dietrich	Allgemeines Schuldrecht 29. Auflage, München 2003 (zitiert: Brox, SchuldR AT)
Brox, Hans	Handels- und Wertpapierrecht 16 Auflage, München 2003 (zitiert: Brox, Handelsrecht)
Büdenbender, Ulrich	Wechselwirkungen zwischen Vorteilsausgleichung und Drittschadensliquidation JZ 1995, S. 920 ff. (zitiert: Büdenbender, JZ 1995)
Erman, Walter	Bürgerliches Gesetzbuch Handkommentar Band 1: §§ 1-853 10. Auflage, Münster 2000 (zitiert: Erman/ Bearbeiter)
Esser, Josef Weyers, Hans-Leo	Schuldrecht Band II, Besonderer Teil, Teilband 1 8. Auflage, Heidelberg 1998 (zitiert: Esser/Weyers)
Hager, Günter	Die Gefahrtragung beim Kauf Frankfurt am Main 1982 (zitiert: Hager)
Homann, Stefan	Die Drittschadensliquidation und das neue Transportrecht JA 1999, S. 978 ff. (zitiert: Homann, JA 1999)
Koller, Ingo	Die Risikozurechnung bei Vertragsstörungen in Austausch-verträgen München 1979 (zitiert: Koller)

Larenz, Karl	Lehrbuch des Schuldrechts Zweiter Band, Besonderer Teil, 1. Halbband 13. Auflage, München 1986 (zitiert: Larenz)
Lotmar, Philipp	Der Arbeitsvertrag nach dem Privatrecht des deutschen Reiches Band 1, Leipzig 1902 (zitiert: Lotmar)
Medicus, Dieter	Bürgerliches Recht 19. Auflage, Köln, Berlin, Bonn, München 2002 (zitiert: Medicus, BR)
Medicus, Dieter	Schuldrecht I, Allgemeiner Teil 14. Auflage, München 2003 (zitiert: Medicus, Schuldrecht I)
Medicus, Dieter	Schuldrecht II, Besonderer Teil 11. Auflage, München 2003 (zitiert: Medicus, Schuldrecht II)
Münchener Kommentar zum BGB	Band 2a: Schuldrecht Allgemeiner Teil (§§ 241-432) 4. Auflage 2003 (zitiert: MüKo/ Bearbeiter)
Palandt, Otto	Bürgerliches Gesetzbuch 63. Auflage, München 2004 (zitiert: Palandt/ Bearbeiter)
Rümelin, Gustav	Dienstvertrag und Werkvertrag Tübingen 1905 (zitiert: Rümelin)
Schmidt, Eike	Besprechung: Dieter Medicus, Bürgerliches Recht, 6. A. 1973 AcP 175 (1975), S. 165 ff. (zitiert: Schmidt, AcP 175)

VI.

Gutachten

Erster Teil: Ausgangsfall

Anspruch der V gegen M aus § 433 II

M könnte gegen V einen Anspruch auf Zahlung des Kaufpreises gemäß § 433 II[98] haben.

A. Anspruch entstanden

Der Anspruch auf Kaufpreiszahlung müsste zunächst entstanden sein.

I. Anwendbarkeit des Kaufrechts

Fraglich ist, ob im vorliegenden Fall überhaupt Kaufrecht anwendbar ist und der Anspruch somit auf § 433 II gestützt werden kann. M hat nicht nur erklärt, dass sie den Pullover kaufen wolle, sondern zudem um Lieferung nach Berlin gebeten. Die Erklärung beinhaltet also auch andere Elemente als solche des Kaufs. Es könnte daher ein gemischter Vertrag vorliegen, so dass sich der Anspruch auf Zahlung auf eine andere Anspruchsgrundlage stützen könnte.

Streitig ist in Fällen mit gemischten Vertragselementen, ob eine Anlehnung an einen Vertragstyp insgesamt (Absorptionstheorie)[99] oder eine Qualifikation nach dem jeweils gestörten Bereich zu erfolgen hat (Kombinationstheorie)[100]. Aus § 447 ergibt sich jedoch, dass die Vereinbarung der Lieferung den Charakter des Kaufvertrages unberührt lässt. Ferner handelt es sich bei dem vorliegenden Problem um die Zahlung des Kaufpreises, so dass auch der gestörte Bereich der des Kaufrechts ist. Damit ist nach beiden Theorien Kaufrecht einschlägig und § 433 II anwendbar.

II. Kaufvertrag gemäß § 433

Zwischen M und V müsste ein Kaufvertrag über den Pullover zustande gekommen sein.

---

[98] Die folgenden nicht weiter bezeichneten §§ sind solche des BGB.
[99] *Lotmar*, Arbeitsvertrag, 176 ff.
[100] *Rümelin*, Dienstvertrag und Werkvertrag, 320 f.

Ein Vertrag setzt übereinstimmende Willenserklärungen von mindestens zwei Personen, nämlich das Angebot und die Annahme voraus[101].

1. Abgabe eines Angebots

Es müsste ein Angebot abgegeben worden sein. Das Angebot ist eine empfangsbedürftige Willenserklärung, mit der ein Vertragspartner einem anderen den Abschluss eines Vertrages so anträgt, dass der Vertrag durch bloße Zustimmung des anderen zustande kommen kann[102]. Das Angebot muss die wesentlichen Bestandteile des Vertrages benennen, also beim Kauf die Parteien, die Kaufsache und den Preis bestimmen[103].

a) Durch Zeitungsannonce der V

V könnte in ihrer Zeitungsanzeige ein Angebot zum Kauf des Pullovers abgegeben haben. Mit ihrer Anzeige hat V den Willen kundgetan, den Mickey-Mouse Pullover für 50 Euro zu verkaufen. Fraglich ist, ob hierin ein Angebot oder mangels Rechtsbindungswillens lediglich eine sogenannte invitatio ad offerendum zu sehen ist. Die invitatio ad offerendum bezeichnet die Aufforderung an die Allgemeinheit, ein Angebot abzugeben[104].

Würde die Zeitungsannonce ein Angebot darstellen, wäre V gemäß § 145 verpflichtet, mit jedem, der sich einverstanden erklärt, einen Vertrag zu schließen. V will aber nur den einen Pullover verkaufen, wäre also zur Erfüllung gegenüber jedermann gar nicht in der Lage. Die Zeitungsannonce lässt daher nicht auf einen Rechtsbindungswillen der V schließen. Daher ist die Zeitungsannonce als invitatio ad offerendum anzusehen und stellt kein Angebot dar.

b) Durch M

M könnte ein Angebot abgegeben haben. Nachdem M die Zeitungsannonce gelesen hatte, ging sie zu V und sagte, sie wolle den Pulli für 50 Euro kaufen. Hierin ist ein Angebot auf Abschluss eines Kaufvertrages zu sehen.

---

[101] *Brox*, AT, Rdnr. 78 f.
[102] *Brox*, AT, Rdnr. 165.
[103] *Brox*, AT, Rdnr. 166.
[104] *Brox*, AT, Rdnr. 167.

2. Annahme durch V

V müsste die Annahme des Angebots erklärt haben. Die Annahme ist eine empfangsbedürftige Willenserklärung, durch die der Erklärende sein Einverständnis mit dem angebotenen Vertragsschluss äußert[105].

V hat gegenüber M erklärt, sie verkaufe ihr den Pullover und werde ihn liefern. Damit hat sie das Angebot der M wirksam angenommen.

III. Zwischenergebnis

Der Kaufvertrag gemäß § 433 ist somit zustande gekommen und der hieraus resultierende Anspruch auf Kaufpreiszahlung (§ 433 II) entstanden.

B. Anspruch erloschen

Der Kaufpreisanspruch aus § 433 II dürfte nicht erloschen sein.

I. Erlöschen des Anspruchs nach §§ 326 I 1, 275 I, IV

Der Kaufpreisanspruch dürfte nicht nach §§ 326 I 1, 275 I, IV erloschen sein. Der Anspruch auf die Gegenleistung entfällt, wenn dem Schuldner die Erfüllung einer synallagmatischen Pflicht unmöglich geworden ist[106]. Das Synallagma (Gegenseitigkeitsverhältnis) erstreckt sich jedenfalls auf alle Hauptleistungspflichten[107].

Nach § 433 I 1 war V durch den Kaufvertrag verpflichtet, der M den Pullover zu übergeben und ihr das Eigentum an demselben zu verschaffen. Diese Pflicht steht mit der Zahlungspflicht nach § 433 II im Gegenseitigkeitsverhältnis.

Die Erfüllung der Pflicht aus § 433 I 1 müsste gemäß § 275 I-III unmöglich geworden sein. Dies setzt zunächst voraus, dass die Pflicht nicht bereits erfüllt wurde. M hat keinen Besitz an dem Pullover erlangt und auch die dingliche Einigung über den Eigentumsübergang ist nicht erfolgt. Damit ist der nach § 433 I 1 erforderliche Leistungserfolg nicht eingetreten.

---

[105] *Brox*, AT, Rdnr. 176.
[106] *Palandt/ Heinrichs,* § 326, Rdnr. 2.
[107] *Palandt/ Heinrichs,* Einf. vor § 320, Rdnr. 17.

Unmöglichkeit liegt vor, wenn der Schuldner die Leistung nicht erbringen kann[108]. Beim Stückkauf tritt Unmöglichkeit ein, wenn sich das Leistungshindernis auf die konkret geschuldete Sache beschränkt[109].

Der Kauf war konkret auf den bestimmten Mickey-Mouse Pullover gerichtet und beinhaltete damit einen Stückkauf. Dadurch, dass der Pulli verbrannte, ist es der V unmöglich geworden, diesen an M zu übereignen. Die Hauptleistungspflicht der V ist somit gemäß § 275 I unmöglich geworden. Damit ist der Anspruch der V auf die Gegenleistung (Kaufpreiszahlung) erloschen (§§ 326 I 1, 275 I, IV). Die Voraussetzungen der §§ 326 I 1, 275 I, IV sind somit erfüllt.

II. Ausnahme: § 447 I
Jedoch behält V den Anspruch auf Kaufpreiszahlung, wenn die Preisgefahr bereits auf M übergegangen ist (§ 447 I). Voraussetzung ist, dass ein Versendungskauf vorliegt. Der Verkäufer muss dabei auf Verlangen des Käufers die verkaufte Sache an einen anderen Ort als den Erfüllungsort versenden.

1. Anwendbarkeit
§ 447 I ist nach § 474 II unanwendbar, wenn ein Verbrauchsgüterkauf vorliegt. Dann müsste M Verbraucher und V Unternehmer sein. Nach § 13 ist Verbraucher, wer ein Rechtsgeschäft abschließt, das weder seiner gewerblichen noch seiner selbstständigen beruflichen Tätigkeit zuzurechnen ist. Gemäß § 14 ist Unternehmer, wer bei Abschluss eines Rechtsgeschäfts in Ausübung seiner gewerblichen oder selbstständigen beruflichen Tätigkeit handelt.

M kaufte den Pullover für ihren Sohn E, verfolgte also weder gewerbliche noch andere berufliche Zwecke und war somit Verbraucher i.S.d. § 13. V verkaufte den Pullover als Privatperson und war daher ebenfalls nicht Unternehmer. Somit liegt kein Verbrauchsgüterkauf vor. Die Anwendbarkeit des § 447 ist also nicht ausgeschlossen.

---

[108] *Medicus,* BR, Rdnr. 240.
[109] *Brox/ Walker*, SchuldR AT, § 8, Rdnr. 5.

2. Voraussetzungen des § 447

Es müsste ein Versendungskauf vorliegen.

a) Schickschuld

Ein Versendungskauf erfordert, dass die Versendung der gekauften Sache an einen anderen Ort als den Erfüllungsort auf Verlangen des Käufers erfolgt. Der Käufer soll in diesem Fall die Gefahr des zufälligen Untergangs beim Transport tragen[110]. Die Versendung muss als vertragliche Nebenpflicht anzusehen sein[111].

Die Versendung erfolgte auf Verlangen der M. Der Kaufvertrag wurde nicht wegen der Versendung geschlossen, so dass diese keine Haupt-, sondern eine Nebenpflicht darstellt.

Ferner muss die Versendung an einen anderen Ort als den Erfüllungsort erfolgen. „Erfüllungsort" i. S. d. § 447 I meint den Leistungsort, also den Ort, an dem die Leistungshandlung vorgenommen werden soll[112]. Nach § 269 I ist dies in der Regel der Ort, an dem der Schuldner seinen Wohnsitz hat.

Mangels gegenteiliger Vereinbarungen war Erfüllungsort somit der Wohnsitz der V in Bayern.

Aus § 269 III ergibt sich, dass die Übernahme der Versendungskosten nicht darauf hindeuten muss, dass der Versendungsort der Leistungsort sein soll. Daher ist auch aus dem Umstand, dass M die Versandkosten trägt, nicht zu schließen, dass eine Bringschuld vereinbart war. Der Erfüllungsort war somit der Wohnsitz der V. Die Versendung sollte nach Berlin und damit an einen anderen Ort als den Erfüllungsort erfolgen.

Es lag daher eine Schickschuld und somit ein Versendungskauf vor.

---

[110] *Erman/ Grunewald,* § 447, Rdnr. 11.
[111] *Palandt/ Putzo,* § 447, Rdnr. 6.
[112] *Esser/ Weyers,* SchuldR BT 2, § 8 III 3 a).

b) Übergabe an Transportperson

§ 447 I verlangt weiter, dass der Verkäufer die Sache an den Spediteur, den Frachtführer oder die sonst zur Ausführung der Versendung bestimmten Person oder Anstalt ausgeliefert hat.

V hat den Pullover selbst befördert, so dass eine „Übergabe" nicht erfolgte. Streitig ist, ob der Transport durch den Verkäufer selbst die Voraussetzungen des § 447 erfüllt.

aa) Ausschluss des § 447 I bei Eigentransport

Nach einer Ansicht kann die Gefahrtragungsregel des § 447 I beim Transport durch den Verkäufer selbst oder durch seine Leute nicht eingreifen[113]. Hierfür spreche bereits der Wortlaut des § 447. § 447 rede von der Übergabe an den Spediteur, Frachtführer oder sonst zur Ausführung der Versendung bestimmten Person oder Anstalt. Es müsse also eine unabhängige Person die Auslieferung vornehmen. Ferner setze das „Ausliefern" die Besitzübertragung voraus. Auch die Entstehungsgeschichte deute darauf hin, dass der Transport durch eigenes Personal auszunehmen sei[114]. Ferner sprächen Sinn und Zweck gegen die Anwendbarkeit beim Eigentransport, denn der Verkäufer solle nicht für Gefahren aus der Sphäre Dritter haften[115].

Nach dieser Ansicht würde vorliegend § 447 wegen des von V selbst durchgeführten Transports nicht eingreifen.

bb) Anwendung auch bei Transport durch Verkäufer

Die Gegenansicht geht davon aus, dass § 447 auch beim Transport durch eigene Leute und durch den Verkäufer selbst Anwendung findet. § 447 regele, dass bei der Übernahme der Lieferungspflicht als Nebenpflicht nicht auch noch das Transportrisiko übernommen werden soll[116]. Es sei zu eng, die Entlastungswirkung des § 447 I nur auf den Transport durch Dritte zu beschränken. Denn Interessenlage und wirtschaftlicher Hintergrund (der Käufer soll die Transportkosten tragen) seien beim Transport

---

[113] *Hager*, Gefahrtragung beim Kauf, S. 85; *Medicus*, BR, Rdnr. 275; *Schmidt*, AcP 175, 165 (167).

[114] *Hager*, Gefahrtragung beim Kauf, S. 84 f.

[115] *Medicus*, Schuldrecht II, Rdnr. 38.

[116] RGZ 96, 258 (260); *Esser/ Weyers*, § 8 III 3 b); *Larenz*, Schuldrecht II, § 42 II c.

durch Dritte wie durch den Verkäufer selbst identisch. Würde dem Verkäufer das Transportrisiko aufgebürdet, stünde dies den Wirkungen einer Bringschuld gleich, welche aber gerade nicht vereinbart wurde.

Nach dieser Ansicht würde vorliegend § 447 eingreifen, obwohl die V den Transport selbst durchgeführt hat.

cc) Stellungnahme

Der Wortlaut des § 447 I ist nicht eindeutig. Die historische Auslegung muss bei hinlänglich erfassbarem Sinn und Zweck der Norm zurücktreten[117]. Bei § 447 geht es nicht – wie die erste Ansicht es annimmt – um Gefahrbeherrschung[118], sondern um Risikozuweisung. Der Verkäufer soll nicht dadurch schlechter gestellt werden, dass der Leistungserfolg sich zeitlich verzögert[119]. Der Versendungskauf geschieht auf Verlangen des Käufers und ohne konkretes eigenes Interesse des Verkäufers. Es ist ein Entgegenkommen des Verkäufers, wenn er die Sachen versendet. Ihm sollen daher nicht auch noch die Risiken der Versendung aufgebürdet werden. Eine andere Lösung wäre inkonsequent, da gerade keine Bringschuld vereinbart ist. Es ist daher der zweiten Ansicht zuzustimmen. § 447 I ist also auch auf den Transport durch den Verkäufer anwendbar. Dass die Subsumtion des Eigentransports unter das Merkmal der „Auslieferung“ nicht problemlos möglich ist, kann über eine sehr weite Auslegung oder über eine analoge Anwendung des § 447 I auf den Eigentransport gelöst werden.

Auch der Transport durch V unterfällt damit der Regelung des § 447 I.

c) Zufälliger Untergang

Der Pullover müsste zufällig untergegangen sein. Zufall i. S. v. § 447 liegt vor, wenn der Verkäufer den Untergang oder die Verschlechterung nicht zu vertreten hat[120]. Der Unfall wurde von V nicht verschuldet, so dass der Untergang des Pullovers zufällig ist.

---

[117] *Palandt/ Heinrichs*, Einleitung, Rdnr. 56.
[118] *Medicus*, Schuldrecht II, Rdnr. 38; *Koller*, Risikozurechnung, S. 172.
[119] *Larenz*, Schuldrecht II, § 42 II c.
[120] *Erman/ Grunewald*, § 447, Rdnr. 12.

Die Voraussetzungen des § 447 I sind somit erfüllt.
Damit ist festzustellen, dass der Anspruch der V gegen M auf Kaufpreiszahlung nicht nach §§ 326 I 1, 275 I, IV erloschen ist.

C. Anspruch durchsetzbar
Der Anspruch der V gegen M auf Kaufpreiszahlung müsste durchsetzbar sein. Dies wäre nicht der Fall, wenn ihm peremptorische (dauerhafte) oder dilatorische (vorübergehende) Einreden entgegenstehen.

Einreden sind hier nicht ersichtlich.

Der Anspruch der V gegen M ist somit auch durchsetzbar.

D. Ergebnis
V hat gegen M einen Anspruch auf Kaufpreiszahlung aus § 433 II.

Zweiter Teil: Abwandlung 1

Anspruch der V gegen M aus § 433 II
V könnte einen Anspruch auf Zahlung der 50 Euro aus § 433 II haben.

A. Anspruch entstanden
Der Kaufpreisanspruch der V gegen M müsste entstanden sein. Voraussetzung ist, dass zwischen V und M ein Kaufvertrag geschlossen wurde.

V und M haben sich über den Kauf des Pullovers geeinigt, so dass der Kaufpreisanspruch aus § 433 II entstanden ist (s.o.).

B. Anspruch erloschen
Der Kaufpreisanspruch aus § 433 II dürfte nicht gemäß §§ 326 I 1, 275 I, IV erloschen sein. Der Pullover ist verbrannt, so dass die Hauptleistungspflicht der V unmöglich geworden ist (s.o.). Damit erlischt grundsätzlich auch der Kaufpreisanspruch (§ 326 I 1).

Eine Ausnahme besteht wiederum, wenn § 447 I eingreift und die Preisgefahr somit bereits auf M übergegangen ist.

Die Versendung erfolgte auf Verlangen der M. Die Auslieferung erfolgte durch den F, der nicht der Sphäre der V zuzurechnen ist, so dass sich das oben erörterte Problem der „Auslieferung" hier nicht stellt.

V hat den Untergang des Pullovers nicht verschuldet. Ein Verschulden der Transportperson hat der Verkäufer nicht zu vertreten[121]. Das Verschulden des F an dem Unfall steht daher dem „zufälligen Untergang" nicht entgegen.

Damit sind die Voraussetzungen des § 447 I erfüllt.
Der Kaufpreisanspruch gemäß § 433 II ist somit nicht erloschen.

C. Anspruch durchsetzbar
Der Anspruch der V müsste durchsetzbar sein.

Möglicherweise könnte M der V einredeweise einen Anspruch aus Drittschadensliquidation entgegenhalten (§§ 285, 320). Die Drittschadensliquidation greift in Fällen der zufälligen Schadensverlagerung ein. Statt beim Ersatzberechtigten tritt der Schaden bei einem Dritten ein, der selbst keinen Anspruch hat[122]. Die Drittschadensliquidation setzt voraus, dass der Geschädigte einen Schaden, aber keinen Anspruch und der Vertragspartner einen Anspruch, aber keinen Schaden hat. Ferner muss die Schadensverlagerung aus der Sicht des Schädigers zufällig sein[123].

I. Schaden, aber kein Anspruch
M müsste einen Schaden, aber keinen Anspruch haben.

1. Schaden
Ein Schaden ist die unfreiwillige Einbuße an rechtlich geschützten Positionen, zu denen auch das das Vermögen zählt[124].

M bleibt zur Kaufpreiszahlung aus § 433 II verpflichtet, obwohl sie den Pullover nicht mehr erhalten wird. Sie erleidet somit eine Vermögenseinbuße und folglich einen Schaden.

---

[121] *Erman/ Grunewald,* § 447, Rdnr. 12.
[122] *Medicus,* Schuldrecht I AT, Rdnr. 609.
[123] *Homann,* JA 1999, S. 978 (979).
[124] *Erman/ Kuckuck,* Vor § 249, Rdnr. 15.

2. Vertragliche Ansprüche F-M

Ferner dürften der M keine eigenen Ansprüche zustehen.
M stand selbst nicht in vertraglichen Beziehungen zu F, so dass sich keine Ansprüche aus einem eigenen Vertrag mit F ergeben.

3. Vertragliche Ansprüche aus Vertrag mit Schutzwirkung zugunsten M

In Betracht kommt ein Anspruch aus einem zwischen F und V geschlossenen Vertrag mit Schutzwirkung zugunsten Dritter.

a) Vertrag F-V

F und V haben sich darüber geeinigt, dass F den Pullover transportieren solle. Eine Einigung und damit ein Vertrag liegen also vor. F schuldet einen Erfolg, die Lieferung des Pullovers nach Berlin. V schuldet ein Entgelt. Tatbestandlich ist damit ein Werkvertrag i. S. d. § 631 gegeben. Die Beförderung des Pullovers gehört nicht zum Betrieb eines gewerblichen Unternehmens, so dass die Vorschriften über den Frachtvertrag gemäß §§ 407 ff. HGB nicht anwendbar sind. Zwischen V und F besteht somit ein Werkvertrag.

b) Einbeziehung der M

Damit M einen eigenen Anspruch aus dem Werkvertrag zwischen V und F herleiten kann, muss sie nach den Grundsätzen des Vertrages mit Schutzwirkung zugunsten Dritter in diesen einbezogen worden sein.

aa) Leistungsnähe

Voraussetzung ist zunächst, dass M mit der Leistung des F bestimmungsgemäß in Berührung kommt. M hatte den Pullover gekauft. Nach dem Transport sollte er in ihr Eigentum übergehen. V sollte nach dem Transport ihr Eigentum verlieren. Damit kommt M mit dem Transport durch F ebenso in Berührung wie V.

bb) Einbeziehungsinteresse

Ferner müsste V ein Interesse an der Einbeziehung der M in den Vertrag mit F haben. Wie stark dieses Interesse sein muss, wird unterschiedlich beurteilt.

(1) Personenrechtlicher Einschlag

Zunächst hielt die Rechtsprechung es für erforderlich, dass der Vertragspartner eine Schutz- und Fürsorgepflicht für den Dritten hatte, ihm dessen „Wohl und Wehe" anvertraut war[125].

Ein derartiger personenrechtlicher Einschlag liegt zwischen M und V nicht vor. Hiernach wäre dieses Kriterium nicht erfüllt.

(2) Vertragliche Schutzinteressen

Später wurde es für ausreichend gehalten, wenn im Einzelfall sonstige Anhaltspunkte für einen auf den Schutz des Dritten gerichteten Parteiwillen bestehen[126]. Hier kann jedes vertragliche Schutzinteresse ausreichen.

Die Auslegung der Willenserklärungen der M und des F lässt nicht erkennen, ob sie ein Interesse daran hatten, die M in den Vertrag mit einzubeziehen. Es ist schon nicht feststellbar, ob F überhaupt wusste, dass M Eigentum an dem Pullover erhalten sollte. Die Auslegung der Parteivereinbarung ergibt daher kein Einbeziehungsinteresse.

Nach beiden Ansichten ist M daher nicht über die Grundsätze des Vertrages mit Schutzwirkung für Dritte in den Vertrag einbezogen.

Aus § 631 und den Grundsätzen des Vertrags mit Schutzwirkung zugunsten Dritter ergibt sich demnach kein Anspruch der M.

4. Vertragliche Ansprüche M-V

M könnte gegen V einen Anspruch auf Schadensersatz i. H. v. 50 Euro aus §§ 280 I, III, 283 haben.

Der Transport des Pullovers wurde nicht ordnungsgemäß durchgeführt, so dass eine Pflichtverletzung i. S. d. § 280 I vorliegt. V müsste die Pflichtverletzung zu vertreten haben (§ 280 I 2). V hat den Unfall nicht selbst verschuldet. Ihr könnte aber das Verschulden des F gemäß § 278 S. 1 zuzurechnen sein.

---

[125] BGHZ 51, 91 (96); 56, 269 (273); BGH NJW 1970, 38 (40).

[126] BGHZ 127, 378 (380); 138, 257 (261).

Dann müsste F als Erfüllungsgehilfe der V zur Erfüllung einer dieser obliegenden Verbindlichkeit tätig geworden sein.

Es war ein Versendungskauf vereinbart. Beim Versendungskauf gilt die Transportperson nicht als Erfüllungsgehilfe des Verkäufers, da mit Übergabe der verkauften Sache an die Transportperson die Transportgefahr übergeht und die Nebenpflicht des Verkäufers zur Versendung der Sache an den Bestimmungsort bereits mit der Beauftragung der Transportperson und der Übergabe erfüllt wird[127].

Mit Übergabe der Sache an die Transportperson hat V somit alles Erforderliche getan. F ist daher nicht als Erfüllungsgehilfe der V anzusehen.

Ein vertraglicher Anspruch gegen V aus §§ 280 I, III, 283 kommt daher nicht in Betracht.

5. Deliktische Ansprüche

M war mangels Übereignung noch nicht Eigentümer des Pullovers, so dass eine Verletzung der Rechtsgüter des § 823 I ausscheidet. M hat also keine deliktischen Ansprüche.

Somit hat M einen Schaden, aber keinen Anspruch.

II. Anspruch, aber kein Schaden

Ferner müsste V einen Anspruch, aber keinen Schaden haben. Wegen der schuldhaften Zerstörung des Pullovers durch F hat V einen Anspruch gegen F aus §§ 634 Nr. 4, 280 I, III, 283.
Zur Übergabe des Pullovers an M ist es noch nicht gekommen, so dass V zum Zeitpunkt des Unfalls noch Eigentümerin war und daher ebenfalls einen Anspruch aus § 823 I gegen F hat.

Wegen § 447 I bleibt der V allerdings der Kaufpreisanspruch gegen M erhalten, so dass sie keine Vermögenseinbuße und damit keinen Schaden erleidet. Folglich hat V einen vertraglichen und einen deliktischen Anspruch gegen F, jedoch keinen Schaden.

---

[127] BGHZ 50, 32 (35).

III. Zufällige Schadensverlagerung

Aus der Sicht des Schädigers müsste es sich um eine zufällige Schadensverlagerung handeln. Hierzu wurden verschiedene Fallgruppen entwickelt[128]. Dazu gehört die obligatorische Gefahrentlastung nach § 447[129]. Aufgrund der Regelung des § 447 verlagert sich der Schaden auf M. Diese Situation ist aus Sicht des F, dessen Vertragspartnerin V ist, zufällig.

Das Kriterium der zufälligen Schadensverlagerung ist somit erfüllt.

IV. Rechtsfolge

Die Schadensersatzansprüche der V gegen F treten an die Stelle des geschuldeten Gegenstandes (des Pullovers). Daher kann M von V Abtretung dieser Ansprüche gemäß § 285 I verlangen.

Ein Anspruch aus § 285 tritt an die Stelle der Leistungspflicht des Käufers und steht daher in dem von § 320 geforderten Gegenseitigkeitsverhältnis[130]. Somit besteht vorliegend über § 320 eine Einrede. Diese steht dem Anspruch der V aus § 433 II entgegen.

D. Ergebnis

V hat gegen M einen Anspruch auf Zahlung des Kaufpreises i. H. v. 50 Euro gemäß § 433 II Zug um Zug gegen Abtretung der ihr gegen F zustehenden Ansprüche gemäß §§ 320, 322 I.

Dritter Teil: Abwandlung 2

Anspruch der V gegen M aus § 433 II

V könnte gegen M einen Anspruch auf Zahlung von 50 Euro gemäß § 433 II haben.

A. Anspruch entstanden

Der Kaufpreisanspruch ist entstanden (s.o.).

---

[128] *Büdenbender*, JZ 1995, 920 (920).
[129] *Büdenbender*, JZ 1995, 920 (921); *Erman/ Grunewald*, § 447, Rdnr. 13.
[130] *Müko/ Emmerich*, § 320, Rdnr. 31.

B. Anspruch erloschen

Der Pullover ist verbrannt, so dass die Hauptleistungspflicht der V gemäß § 275 I unmöglich geworden ist. Damit erlischt nach § 326 I 1 der Anspruch auf Kaufpreiszahlung. Allerdings geschah die Versendung auf Verlangen der M. Die Übergabe an die Transportfirma Z ist erfolgt und der Untergang des Pullovers wurde von V nicht verschuldet. Damit ist die Preisgefahr bereits gemäß § 447 I auf M übergegangen und der Kaufpreisanspruch aus § 433 II bleibt bestehen (s.o.).

C. Anspruch durchsetzbar

M könnte gegen V die Einrede der Nichterfüllung Vertrags nach § 320 I 1 erheben, wenn ihr aus dem gegenseitigen Vertrag ein Gegenleistungsanspruch zusteht. Es kommt ein Anspruch aus § 285 (Drittschadensliquidation, s.o.) in Betracht. M müsste einen Schaden, aber keinen Anspruch haben.

Infolge des § 447 erleidet M einen Schaden. Fraglich ist nun, ob ihr ein eigener Schadensersatzanspruch nach §§ 421 I 2, 425 HGB zusteht mit der Folge, dass die erste Voraussetzung der Drittschadensliquidation nicht erfüllt wäre.

I. Frachtvertrag V-Z

Zunächst müsste es sich bei dem Transportvertrag zwischen V und Z um einen Frachtvertrag gemäß § 407 HGB handeln. Ein Frachtvertrag ist auf die Beförderung von Gütern gerichtet und setzt voraus, dass der Transporteur gewerbsmäßig handelt[131].

Der Vertrag zwischen F und V ist auf die Beförderung eines Pullovers, also auf die Beförderung eines Gutes gerichtet. Bei Z handelt es sich um eine Firma. Aus § 17 I HGB ergibt sich, dass der Inhaber der Firma Kaufmann ist. § 1 I HGB wiederum zeigt, dass hiermit ein Handelsgewerbe verbunden ist. Damit handelte Z gewerbsmäßig.

Damit besteht ein Transportvertrag zwischen V und Z.

---

[131] *Brox,* Handelsrecht, Rdnr. 421 ff.

II. Eigener Anspruch der M aus Frachtvertrag

Gemäß § 421 I 2 HGB könnte der M ein eigener Anspruch aus dem Frachtvertrag wegen Beschädigung des Transportgutes zustehen.

Der Pullover ist verbrannt, so dass eine Beschädigung des Transportgutes vorliegt. Fraglich ist, ob sich aus § 421 I 2 HGB ein eigener Anspruch für M herleiten lässt.

§ 421 I 2 spricht davon, dass der Empfänger die Ansprüche gegen den Frachtführer „im eigenen Namen" geltend machen kann. Dies könnte so auszulegen sein, dass der Empfänger keinen eigenen Anspruch bekommt, sondern dass ihm lediglich das Recht gewährt wird, die Ansprüche des Absenders geltend zu machen, ihm also eine Art gesetzliche Einziehungsermächtigung eingeräumt wird[132]. Die Entstehungsgeschichte[133] sowie der Sinn und Zweck, lassen aber eine andere Deutung wahrscheinlicher erscheinen: Der Frachtvertrag ist seinem Charakter nach ein Vertrag zugunsten Dritter[134]. Daher soll § 421 I 2 HGB dem Empfänger ein eigenes Recht gegen den Frachtführer gewähren[135].

Somit steht M ein eigener Anspruch gegen Z aus § 421 I 2 HGB zu. Die erste Voraussetzung der Drittschadensliquidation ist somit nicht erfüllt. Ein Anspruch der M gegen V aus § 285 besteht folglich nicht. M kann die Einrede aus § 320 daher nicht erheben.

D. Ergebnis

V hat gegen M einen Anspruch auf Kaufpreiszahlung gemäß § 433 II.

Datum, Unterschrift

---

[132] *Homann,* JA 1999, 978 (981).
[133] *Homann,* JA 1999, 978 (981).
[134] *Brox,* Handelsrecht, Rdnr. 420.
[135] *Homann,* JA 1999, 987 (981).

‣ Schlusswort

So, ich hoffe diese Einführung hat dir ein bisschen Spaß gemacht und den *ersten, grundlegenden* Einstieg ermöglicht. Sollte dir das eine oder andere derzeit noch etwas fremd vorkommen, ist das kein Grund zum Verzweifeln. Rom wurde auch nicht an einem Tag erbaut und es dauert eben immer ein bisschen, bis sich der Stoff „gesetzt" hat.

Die hier abgedruckten Musterhausarbeiten erheben keinen Anspruch auf inhaltliche Vollständigkeit, sondern sollen vor allem zeigen, wie ein Gutachten aufgebaut und gegliedert wird. Eine ausführliche Darstellung, insbesondere im Rahmen der Meinungsstreits, hätte den Rahmen dieses Skripts gesprengt.

Zur Vertiefung empfehle ich, auch die am Ende der ersten Lektionen angegebenen Aufsätze aus den Ausbildungszeitschriften JA, JuS und Jura zu lesen. Diese Zeitschriften stehen, sortiert nach Jahrgängen, kostenlos in jeder Unibibliothek bereit. Hilfreich sind ferner insbesondere die „20 Standardfälle", die es für 6,60 Euro zu allen Rechtsgebieten für *Anfänger* und für *Fortgeschrittene* gibt.

Das Verlagsprogramm mit allen Titeln und Neuerscheinungen aus dem Zivilrecht, Strafrecht und Öffentlichen Recht findest du unter www.niederle-media.de. Solltest du Verbesserungsvorschläge, Anregungen oder (später einmal) Interesse an einer Autorentätigkeit haben, kannst du mich per Mail erreichen unter

jan.niederle@gmx.de